The Education of Children

阿德勒心理學講義2——

兒童的人格教育

本譯稿由上海人民出版社有限責任公司授權使用

自由學習 21

阿德勒心理學講義2：兒童的人格教育

作　　者　阿德勒（Alfred Adler）
譯　　者　彭正梅、彭莉莉
責任編輯　林博華
行銷業務　劉順眾、顏宏紋、李君宜

總 編 輯　林博華
發 行 人　凃玉雲
出　　版　經濟新潮社
104台北市中山區民生東路二段141號5樓
電話：(02) 2500-7696　傳真：(02) 2500-1955
經濟新潮社部落格：http://ecocite.pixnet.net
發　　行　英屬蓋曼群島商家庭傳媒股份有限公司城邦分公司
104台北市中山區民生東路二段141號11樓
客服服務專線：02-25007718；25007719
24小時傳真專線：02-25001990；25001991
服務時間：週一至週五上午09:30~12:00；下午13:30~17:00
劃撥帳號：19863813　戶名：書虫股份有限公司
讀者服務信箱：service@readingclub.com.tw
香港發行所　城邦（香港）出版集團有限公司
香港灣仔駱克道193號東超商業中心1樓
電話：(852) 25086231　傳真：(852) 25789337
E-mail: hkcite@biznetvigator.com
馬新發行所　城邦（馬新）出版集團 Cite (M) Sdn Bhd
41, Jalan Radin Anum, Bandar Baru Sri Petaling,
57000 Kuala Lumpur, Malaysia.
電話：(603) 90578822　傳真：(603) 90576622
E-mail: cite@cite.com.my
印　　刷　漾格科技股份有限公司
初版一刷　2018年12月25日
初版十一刷　2021年03月19日

城邦讀書花園
www.cite.com.tw

ISBN：978-986-97086-4-7

定價：360元
Printed in Taiwan

沒有壞孩子，只有灰心氣餒的孩子。
這些孩子需要我們的鼓勵，幫助他們重拾勇氣。
行為只是整體人格的表象部分。
要了解孩子，就必須去了解他行為背後的目的。

Contents

目錄

歷久彌新的教育觀：為孩子預備好以勇氣迎接人生

曾端真　古典阿德勒學派深層心理治療師
國立台北教育大學退休教授

本書貫穿一個概念：勇氣是孩子最重要的人生資產。兒童教育的根本之道是了解孩子的人生風格，並且以鼓勵協助孩子培養勇氣。人生不是坦途，每個人都無法避開困難，必須面對人生任務的挑戰。阿德勒主張兒童教育的目標在於為孩子預備面對人生任務，和克服生活挑戰的勇氣。

坊間關於管教孩子的書或訊息，有如萬花筒般，絢麗又千變萬化。許多父母和教師面臨的困境是，雖然讀遍了書本知識，在面對孩子的問題時，仍然有英雄無用武之憾，也迷失在多如牛毛的管教知能中，無所適從。阿德勒為我們指出其中一個關鍵，那就是大人們幾乎都缺乏對孩子的行為目的之了解，只著眼在孩子的表象行為，因而所用的管教方法上焉者揚湯止沸，下焉者孩子越走越偏。阿德勒說，我們無法直接處理行為或症狀本身，必須了解孩子這個人，才能給予孩子正確的教導。我們關注的焦點不是「錯誤行為」，而是犯了錯誤行為的「孩子」。教育孩子的時候，關心人必定要先於處理行為。

阿德勒用深入淺出的故事來說明人生風格，以及如何了解孩子的行為目的。人生風格是主導人生的軸線，有如隱藏在個體潛意識中的領航圖。這張隱藏的人生地圖指出個體所欲前往的目標，以及如何避開所厭惡的處境。個體的目標即其優越感所在，其所厭惡的處境即其自卑感之處，偏差行為或症狀便是他們追求優越感和逃避自卑感之手段。

孩子的錯誤行為是其人生風格偏誤的跡象。阿德勒說人生風格是所有行為的核心根源，幼兒在五歲之前，已然建立了人生風格的原型，父母和教師必須能夠辨識兒童的人生風格是否已經偏誤，並且及時伸出援手。孩子犯錯是氣餒的現象，因此教育孩子不能偏離鼓勵之道，唯有鼓勵，才能讓氣餒的孩子有勇氣修正人生風格，走回正途。正確地了解孩子，謹守鼓勵的態度和技巧，便不會在管教技巧的迷陣中亂了方寸。

阿德勒主張人格的整體性，行為只是整體人格的表象部分，了解孩子必須以整全的人性觀來看待。任何意圖以片面的行為症狀來解釋行為意義的人，將無法看到孩子心理生活的整體樣貌，也就失去了引導孩子的正確方向。對於孩子違規犯過、冷酷無情的行為，如果不了解其行為之目的，很容易祭出處罰的策略。處罰只會讓孩子更強化他們對世界的敵意，更惡化他們的行為模式。以處罰來管教孩子，凸顯出管教者對於人性知識的貧乏。我們需要對孩子有整全的了解，去發現冷酷無情背後暗藏的脆弱心靈。內在脆弱的兒童，對於受傷相對的敏感，有如脆弱的枯枝，輕輕一碰便會斷裂。他們的行為顯示其仍然奮力在保護這根岌岌可危的枯枝，他們不想斷裂。為了自我保護，避免受到斷裂的痛苦，他們需要戴上盔甲，用冷酷無情來武裝自己。這類孩子，需要的是鼓勵，而不是處罰。前者有如溫暖的陽光，讓孩子有勇氣脫下盔甲；後者有如冷冽的寒風，只會讓孩子更握緊武器來保護自己。握緊武器的孩子，正是父母和教師眼中的頑劣孩子，然而大人們並未覺察自己在「製造」屢勸不聽的孩子。

幼兒都會有自卑感，自卑感會激發兒童的創造力，創造出其主觀認定能夠克服自卑感的方法。阿德勒說每個人都是自己人格的畫家，但不是完美的畫家，每個人都會犯錯，也不完美。兒童的認知是建立在對事實的主觀詮釋，而非事實本身；其所創造的補償自卑模式，犯錯的可能性極高。個體在成長過程中會出現心理問題和障礙，我們必須從兒童的成長史來了解孩童，探求其行為的意義，及其自我觀點、人我觀、和對生活世界的觀點。孩子以這些觀點為立基，創造出補償自卑的行為。孩子的行為都是為了避開自卑感所創造出來的自我保護模式。兒童和成人對於困難的認知有所不同，成人必須用他們的眼睛來看世界，用他們的耳朵來聽聲音，用他們的心來感受世界。教師必須讀懂孩子的心理世界，並且用同理的態度和鼓勵的方法，才能修正他們錯誤的補償自卑模式。

補償自卑的心理機制是潛意識的歷程，小孩自身並不知道。生活中常見成人受困於兒童的偏差行為，生氣地問：你為什麼這麼懶惰？你為什麼要偷竊？你為什麼這麼沒有自信？你為什麼不上學？你為什麼改不過來呢？孩子如果願意說的話，也只能說出表面的原因，他不知道自己的行為目的何在。阿德勒說，我們不能期待兒童能說出答案。找尋答案是教育者的責任。答案就在兒童的人生風格中。

書中說明了兒童如何建構出氣餒的人生風格。犯錯是孩子失去勇氣的現象，只有氣餒的孩子，沒有壞孩子，這是教育者應有的基本常識。這個常識幫助教師在面對孩子的行為時，去除評價的眼光，保持客觀、同理的態度，以平靜的情緒，找到幫助孩子的出口。迷航的孩子，需要予以導航而不是處罰或棄之不顧；氣餒的孩子需要被鼓勵，以協助其重建勇氣。

本書的英文版發行於一九三〇年，距今將近九十年，但是讀來彷彿在談近在你我身旁的兒童、青少年、父母與教師。阿德勒的每句金言，溫暖中又帶著當頭棒喝的警醒力道，讓人臣服。有別於讀理論書籍的苦澀、和操作式手冊那般的生硬，阿德勒以說故事的方式，貼緊我們的困惑，娓娓道出阿德勒心理學的重要原理，邊讀邊有解惑的快感，腦海中也不斷地浮出新方法。這本書沒有教我們技巧，但是在阿德勒教育觀的薰陶之下，將能自然地創造出和孩子互動的有效策略或技巧。

教師和父母在教育孩子時，都應以了解兒童為本，如阿德勒所言，正確地了解孩子將比不了解孩子更能好好地教育他們。

穿越時空的阿德勒，解密親子因果之旅

丘美珍 媽媽悅讀基地創辦人

我自己成為三個孩子的母親後，一直思考著教養的理路。但是，正所謂「教子無師父」（台語），如今我回顧自己過往超過十五年的親職歲月，與其說，教養是一種科學，我更覺得，教養是一種藝術。

科學跟藝術有什麼不同？我的淺見是：若人人依照「標準程序」執行，都有相同的結果，這就是科學；若人人依照「標準程序」執行，卻有不同的結果，這就是藝術。

這本針對「教養」的心理學講義，是個體心理學家開山祖師阿德勒（Alfred Adler），綜合自己的學術創見，以及對眾多孩子的觀察和分析，所得到的結論。在我看來，這很像執行教養「標準程序」的指導手冊。

一八七〇年出生於奧匈帝國的阿德勒，他所創立的學說及應用，這兩年飄洋過海來到台灣，成為暢銷書顯學。這本《阿德勒心理學講義2：兒童的人格教育》，其實是在一九三〇年出版的。但是，即使在將近九十年後的今天，閱讀這本書的內容，竟然就像在看當今教養學者的部落格一般，沒有任何違和感！

尤其，以孩子成長的階段來看，阿德勒在書裡提醒了幾個重點，是父母和師長必須放在心上的：

(1) 對學齡前的孩子來說，最應該克服的心魔是「自卑情結」。

所有的孩子，在大人主導的社會中，都會先以「年幼體弱」的姿態存在，他看到大人都站著而他只能爬行，看到大人可以說話而他不能言語只能哭鬧，他確知自己處於不成熟的生命階段，因而感到自卑。因為內在的驅力促使他想要擺脫這種自卑感，學習更高階的肢體動作及表達方式，以進化到更優越的階段。

阿德勒對於「自卑」給予正面評價，他認為，正因為我們感到自卑，才有動力追求優越，從小到大皆是如此。

適度的自卑，是進步的動力；但過度自卑，卻會扭曲孩子的心靈，讓他們企圖尋找可以快速成功的捷徑，最後有可能誤入歧途。

同樣的，為了克服自卑，孩子想要努力提升自己，雄心大志油然而生。一般來說，大人會激勵孩子挑戰遠大的目標，但是，阿德勒提醒，長期被膨脹雄心驅使的孩子，會感受到強大的壓力，因此失去身心均衡。

在過與不及之間，如何陪伴孩子成長，這正是大人的智慧。

(2) 影響孩子這一生命運的，不是他的天賦，而是他的人格。

阿德勒提醒，孩子未來的發展潛力，不是由天賦決定的，也不是由客觀環境決定的，而是由他的人格（personality）決勝負。換言之，天賦再高的孩子，如果沒有正面的人生觀以及世界觀，就很難將自己的天賦發揮得淋漓盡致。

阿德勒提到，孩子從出生起，就不斷地追求發展，追求偉大、完善和優越的希望願景。在追求的過程中，因為他的目標和思考互動的結果，形成了人生風格（style of life）。

阿德勒認為，一個人的人生風格通常在四歲到五歲就已經確定下來。在這段時間，孩子因為所見所聞，培養出社會情感，和必要的社會適應能力。大約在五歲時，他對世界的看法就已經固定下來。

看到阿德勒這麼鐵口直斷地提出五歲看一生的主張，我有點訝異。但是回顧自己家裡孩子的成長歷程，卻也不得不同意，每個孩子的確都有自己個性的基調。但是，我認為，即便是同類型的人生風格，也有「原始」與「圓融」之分，這就是教養與教育所能著力之處。

如果孩子在幼兒階段能夠受到大人的鼓勵和輔導，不斷克服自卑感，發揚天賦，超越自己固有的能力，就能建立對自己的信心，由此建立影響一生、正面的「人生風格」。

(3) 孩子真正的自我，是一幅有跡可循的畫作，而他才是作者。

有些大人誤以為自己手上握著畫筆，可以自由隨意地描繪出孩子的理想面貌，卻忽略了每個孩子才是他自我畫像的作者。

阿德勒認為，孩子從小到大，在以下這三個面向，最能表現真正的自我：

1. 人際關係（群己）：如何結交朋友，與人相處？
2. 社會分工（志業）：如何投入和運用自己的一生？
3. 親密關係（愛與被愛）：如何和異性相處？

由孩子的行為可以看出他真正的性格、真實的自我，因為人格具有一致性，絕不會自相矛盾。對大人來說，孩子真正的樣貌，就彷彿是一個待解的謎，只能發現而無法重生。任何基於善意而加諸孩子身上的幫助，必須在解謎之後才能真正奏效。

沒有人立志要過不幸福的人生，透過群己、志業、愛與被愛這三個環節，正是實踐人生幸福的方法。從年輕到年老，孩子和我們一樣，追求一種被愛且利他的旅程。

這本書雖然是寫給家長和老師看的，而且灌注了滿滿的心理學氛圍，但是，卻不因此而顯得艱澀冷淡，反而從頭到尾都充滿了對孩子的關愛之心。在字裡行間，阿德勒就像是孩子的代言人，他為孩子發聲，寫下他們無法以言語流暢表達的內心劇場，寫下他們如何因大人的忽視或溺愛，而長成今日的模樣……

這無疑提醒了大人，教養其實是一段親子互動的旅程，而且昨日之因，將長成明日之果。所以，今日的你，如何拿捏教養及陪伴的分寸，正展現了身為大人的智慧。

反覆翻閱這本書之後，發現九十年前的古人，與九十年後的我們，內在的心靈世界竟然如此相似。而阿德勒準確、穿梭時空般的，洞悉這個心靈世界的脈絡和紋理，如此寫成一本既詩意又通達的教養之書。這位身高只有一五五公分的古人，腦中所擁有的，這種創造經典的智慧，正是使他成為心理學大師的主因吧！

鼓勵是邀請孩子合作的主要方法

洪仲清　臨床心理師

「個體的追求或有目的的活動是以另一個重要的心理學事實為前提的，即人的自卑感（inferiority）。所有的兒童都有一種天生的自卑感，它會激發兒童的想像力，激勵他嘗試透過改善自己的處境來消除自己的心理自卑感。個人處境的改善可以緩和自卑感。」

阿德勒博士是一位相當具有社會意識的心理學大師，在他的個體心理學中，把人視為一個獨立而統一的個體。然後，在社會、學校、家庭等系統與脈絡裡面，看待一個成長中的兒童，如何超越其自卑感，形塑其人格與生活型態，並持續一生地追求優越感與實現自我價值。

擁有自卑感本身，不代表心態上不夠健全。我們常常會為自己設定比較高遠的目標（相對於現況），因此有自卑感也不意外。像是孩子出生之後，會擔心失去父母的愛，會羨慕嫉妒父母、大人所擁有的權力，也可能跟手足之間比較競爭。自卑感的出現，反而可以是一種讓自己更好的動力。

所以藉著鼓勵，讓孩子將彌補自卑感的力量，用在對家庭、學校、社會產生貢獻，就可以建立其自我價值感。在這個過程中，我們能夠做的，是給予孩子合適的任務，透過完成這些任務，讓孩子的自信得以穩固。

當孩子能建立自信，此自信來自於共融於群體，孩子便能跟他人建立良善的關係。同時，孩子能逐漸地藉著對自己的信賴，慢慢擺脫對他人評價的依賴，從而獲得勇氣，接受自己的不完美，也寬待他人的不完美。

於是，個人便不至於輕易陷入錯誤目的，不需要使用不當的行為，來確立自我價值。

鼓勵是一種在關係中的作為，那麼，良好的關係，便是協助孩子的基礎。當孩子的自卑感是源自於關係，由此推展開來，許許多多的煩惱，都可以視為一種人際關係的挫折。那麼，良好的關係品質，在關係中孩子感覺被愛，便是療癒的開始。

「許多教師認為，和問題兒童的父母打交道要比與問題兒童本人打交道更困難。……教師必須有這樣一個觀念，即家長並不需要為其孩子所表現出來的所有毛病負責。畢竟，他們不是富有技巧的專業教育者，通常也只能按照傳統來指導和管理孩子。當他們因為自己孩子的問題而被召喚到學校時，他們通常感覺像是被指控的罪犯。這種情緒也反映他們心裡的內疚……教師應該盡量把家長的這種情緒轉變為友善、坦率的態度，使自己成為一個善意的幫助者的角色。」

阿德勒博士的態度相當一貫，他站在教師的角度，也用鼓勵來邀請家長合作。如果教師能以謙和的態度，贏得家長的支持與協助，教師不去凸顯自己的正確與優越，那麼就能讓家長傾向於友善並且保持內心平靜。

再進一步來說，家長得到尊重，教師也同時要能同理孩子的處境。孩子常常會在學校接受一次處罰之後，回家再被家長處罰一次。這種雙重處罰，真的對孩子能有積極有益的影響嗎？能讓孩子有建設性地學習嗎？

「女性是受害者，因為我們的文化更有利於男性掌握主導權。不過，男性實際上也深受其害，因為這種虛幻的優越感，他們喪失了對最基本的價值的關注。」

阿德勒博士在這本書裡，特別有一個章節，談青春期與性教育。他在意青少年孩子的友誼，期待兩性能平等互重。他對於兩性平權的思想，超越當代。

他期待學校與家庭，能在職業、愛情、婚姻方面，跟青少年有足夠的討論。這種說法其實大部分人大致上都不會反對，可是在執行面上，即使是資訊發達的現代，我們的環境也已經相當民主，然而，大人跟青少年的互動，依然是在課業成績上花了最多的時間。我甚至認識有些家庭，除了課業成績與生活中的必要瑣事之外，基本上親子不太聊天。

所以我看阿德勒博士的書，常有感嘆。將近一百年前的良好思想，並非難以執行，但至今仍然進展有限。

然後又想到，時至今日，各種心理疾病、人際問題的比例攀升，包括兒童青少年，我們依舊對於心理健康相對地忽略。我們現代人，到底要等到付出多大的代價，才願意清醒？

不過，阿德勒博士是一個相對樂觀的人，他的行動力非常旺盛，真的活出了自己的理論，積極地參與社會。他透過演講以及出書，提倡減輕兒童壓力，並期望學校改革。不但在維也納的時候，阿德勒博士便已開設三十幾所兒童輔導診療所。到了美國之後，他也在大學教授兒童心理學。

阿德勒博士過世後，他的學生魯道夫．德瑞克斯（Rudolf Dreikurs）把阿德勒的精神運用在兒童教育方面，對於近代歐美及世界各地的兒童教養觀點，影響深遠。目前廣泛流行的正向教養，即延續阿德勒的思想，並加以發揚光大，發展了不少具體可行的教養工具。

值得注意的是，阿德勒博士其著作多為演講稿集結，所以在系統性上，會較為鬆散。此外，器官缺陷的界定與認識，在現代已經有了新的面貌，對兒童青少年期常見心理疾病的心理病理，也已有更多具實證性的新理論。

然而，對心理學或兒童人格養成有興趣的朋友，還是得回到這本阿德勒博士的經典，來追溯許多概念的初始樣貌。如果進一步配合阿德勒博士的生平傳記閱讀，就會更清楚，他想藉著兒童教育達到社會改革的心意。

還有，當時正值世界第一次與第二次大戰之間，猶太人處在正遭遇迫害的社會氛圍，阿德勒博士對權力者的不滿，跟他所提出的團結合作、社會情懷、祈求和平共好的精神，息息相關。從世界、社會，再回到家庭，我們就不難理解，阿德勒博士捍衛兒童人權的倡議，或許心中有個更大的藍圖。

如果孩子在平等、尊重的家庭中長大，不以損害他人權益做為克服自卑感的手段，那麼，等這些孩子長大，以後的世界會不會和平一些，人與人相處能不能和諧一點？

現代阿德勒取向的心理治療，已經開始整合其他治療學派的概念。期待未來能有更豐富的樣貌，提供個人與社會服務，以實現阿德勒博士的理想。

我們害怕管不動孩子的同時，孩子也很害怕讓父母失望

許嬰寧　諮商心理師

在我接觸過的成年個案當中，我觀察到一個現象。當他們談及小時候的家庭經驗，最容易留下負面感受並且持續困擾他們到成年的，都是小時被父母嚴厲管教或被羞辱的經驗。例如：因為做錯事情、哭鬧不休、說謊或不服而被痛打、被撕書或丟書、被關進廁所、被忽略不理、在大街上被大吼或直接被丟在馬路上等經驗，最為常見。談到這些經驗的時候，他們描述的方式像是才剛發生沒多久一樣，歷歷在目。只是經過很長時間的沉澱，可能沒有明顯的情緒反應，有些人甚至可以用幽默的口吻敘述當時的情境，唯一不變的是，他們都對當時父母管教的臉色印象非常深刻。

這些個案來到我的面前，帶著非常深的失落感，以及對父母的恐懼和不諒解，在諮

商室裡面談論著對周圍環境的不安全感、抗拒敵意以及對自己的不夠滿意。無論當時他們做錯了什麼事情，他們受到了處罰後，行為或許得到改善，或許沒有，但可以確定的是，過於嚴厲或缺乏接納的管教都在他們心中留下了受傷的感覺，挫敗了他們的信心。只是當年的父母可能無法區辨，到底改善孩子行為、讓他們暫時停止哭鬧及搗蛋的是教育引導成功的成果，還是他們因為感覺受傷害怕而做出的轉變？

每個成年人心中其實都住著一個孩子，而那個孩子天生就會主動尋求父母的關愛和注意，即使他們表現不好、情緒不佳，他們仍希望得到父母的關愛和接納，又像是當家中有年幼的弟妹出生時，年長的孩子對父母的渴望依然不會減少，這些心理需求如何在關鍵時刻被滿足，足以深刻影響孩子如何看待自己有沒有被愛、值不值得被愛的感覺。當孩子感覺不被關愛和接納的時候，一方面孩子必須快速地獨立，練習成為一個更好的個體，不斷追求卓越來向父母展示自己的努力，另一方面也可能會因為害怕永遠無法得到更多肯定而自卑，讓他們反其道而行，表現出不在意、不配合的樣子，因為他們唯有這麼做，好像才能保護自己不受傷。

這本書《阿德勒心理學講義2：兒童的人格教育》是為家長及老師而寫，特別是寫給那些非常用心、希望帶給孩子最好的教育及規矩的家長及老師們。正因為我們都渴望給孩子最好的，而「最好的」是來自我們大人的觀點，所以總是會有盲點。作者鼓勵我們也從孩子的視角去了解他們的處境，去體會他們因為環境、生理因素或人際互動中嘗到的挫敗感，去了解那些不願意正視大人雙眼的孩子在害怕什麼，去想像那些被貼上懶惰散漫、心不在焉標籤的孩子們，可能是更害怕被貼上無能或愚蠢的標籤。

這會讓家長和老師們大開眼界，讓我們對那些不受控制、故意造反、蠻不在乎的孩子會有不一樣的看法；這可以讓家長和老師也暫時喘一口氣，因為在我們想要更用力去教育那些難教的孩子時，我們可能也早已感到疲憊不堪。這個關鍵的轉變就在於我們大人，比孩子有更多能力可以去看見，並給他們更多的勇氣和引導，陪伴他們繼續發展。

同時，這本書也會讓你感覺自我療癒。我們多麼渴望成為滿分的爸媽，我們也曾經多渴望成為優秀的孩子，這本書告訴我們，人都有天生追求優越的本能，就算我們仍然不夠完美，但我們可以透過本書更了解自己心中的那個孩子，是如何努力在面對父母的教養、家中的變化和環境的挑戰。

我們害怕管不動孩子的同時，孩子也很害怕讓父母失望。當我們可以更了解孩子，才能更靠近他，這是閱讀這本書最棒的事情。

The Education of Children

阿德勒心理學講義 2

兒童的人格教育

第一講 引言

Introduction

1

從心理學的角度來看，教育問題對成人來說，可以歸結為一種自我認識和理性的自我發展的問題。這對於兒童也是一樣。不過，兩者之間存在一定的差異：由於兒童尚未成年，給予他們指導就異常重要（雖然成年人有時也需要指導）。如果我們願意，我們完全可以放任兒童按照他們自己的意願成長——如果他們有兩萬年的時間，而且在適當的環境下發展的話，他們也許最終可以適應現代文明的成年人的行為規範。但這顯然是不可能的，因為人生有限。因此，成年人必須關注並引導兒童的成長。

但是，這裡最大的困難莫過於人們對兒童的無知。因為，成年人要了解自己、自己情感的來源、愛恨的原因，即了解自己的心理，本身就已經相當困難；那麼，了解兒童，並且在掌握豐富知識的基礎上去指導和引導他們，就更是加倍的困難了。

個體心理學（Individual Psychology）專門研究兒童的心理，這不僅是因為這個領域本身的重要性，也因為我們能夠藉此認識成年人的性格特徵和行為方式。個體心理學有別於其他的心理學，它不允許理論和實踐的脫節。個體心理學把焦點放在人格的統一性（unity of personality，也譯為整體人格），並研究整體人格如何為了其發展與表現，而努力地奮鬥與追求。從這個立場出發，個體心理學的科學知識是實踐的知識，因為所謂知識就是對於錯誤和謬誤的認識；不論是心理學家、父母、朋友還是個體自己，只要擁有這樣的知識，就知道如何運用這些知識來指導人格的發展。

個體心理學所採用的這種研究方法，使得它的所有論述形成了一個有機的整體。按照個體心理學的理解，個體的行為是由個體的整體人格所發動和指引的，因此，個體心理學關於人的行為的所有陳述都精確體現了這些行為之間的相互關係，個體的行為反映了個體的心理活動。在本章，我將對個體心理學的觀點作一整體性的論述，以後的各章會更詳細地探討本章所提出的各種相關問題。

關於人的發展的一個基本事實就是，人的心理總是充滿著有活力的、有目的的追求。兒童自出生起，就不斷地追求發展，追求偉大、完善和優越的希望圖景，這種圖景是無意識形成的，但卻無時不在。這種追求，這種有目的的活動自然反映了人具有獨特的思考和想像能力；這種有目的的追求主宰了我們一生的具體行為，甚至決定了我們的思想，因為我們的思想絕不是客觀的，而是和我們所形成的目標和人生風格（style of life）是一致的。

整體人格內含於每個人的存在之中。每一個體代表了人格的整體性和統一性；同時每一個體又由其整體人格所塑造。因此，每一個個體既是一幅畫作，又是畫作的作者。個體是他自己人格的畫作者；不過，他既不是完美的畫作者，也不會對自己的靈魂和肉體具有完全的認識。他只是一個極易犯錯和不完美的存在。

在考察人格的建構時，需要注意的是，人格的整體及其獨特的人生目標和風格，並不是建立在客觀現實的基礎上，而是建立在個體對於生活事實的主觀看法的基礎上。個體對客觀事實的觀念和看法，絕不是事實本身。因此，人類雖然生活在同樣的事實世界之中，卻各自以不同的方式來塑造自己。每個人都根據他自己對事物的看法來塑造自己，他的有些看法在心理上是健康的、正確的；有些則是不健康的、錯誤的。我們要永遠考慮到，個體在成長過程中會出現心理問題和障礙，特別是要考慮到他童年早期時的心理障礙和問題，因為這些心理障礙和問題會影響他後來的人生軌跡。

這裡以一個具體案例來說明。這是一個五十二歲的女人。她總是沒完沒了地貶損比她年長的女性。對此，她回想到，她童年的時候，由於她的一個姊姊得到了所有人的注意，她就總有一種屈辱感和無價值感。如果這裡可以運用個體心理學的「縱向」（vertical）觀察方法來探討這一案例，那麼，我們就可以從這個女人的童年和她現在的狀況中發現同樣的心理機制，同樣的心理動力：她總是擔心別人看不起她；當她注意到別人更討人喜歡，處於更有利的地位時，她就心生怨恨。儘管除此之外我們對於這個女人的一生或她的整體人格一無所知，但是，我們幾乎可以根據已知的兩個事實（她的童年和現在）來填補對她了解的空白。在這方面，心理學家就像小說作者一樣，運用一個確定的行為主線、一種人生風格或一種行為模式來建構人物的生活，以確保人物的整體人格不會被破壞。一個優秀的心理學家甚至能夠預測這個女人在特定情境下的行為，並能夠清晰描繪出她獨特的「生命主線」（life line）所附帶的人格特徵。

個體的追求或有目的的活動是以另一個重要的心理學事實為前提的，即人的自卑感（inferiority）。所有的兒童都有一種天生的自卑感，它會激發兒童的想像力，激勵他試著透過改善自己的處境來消除自己的心理自卑感。個人處境的改善則可以緩和自卑感。心理學把這種現象稱為心理補償（compensation）。

自卑感和心理補償機制的重要之處是，它開啟了人們犯錯的巨大可能性。自卑感或許客觀上有助於個體完善，不過，它也可能導致單純的心理調適，從而會擴大了個體和客觀現實之間的距離。又或者自卑感過於嚴重，當事人最終只能在心理上而不能在行為上加以克服，儘管這種補償性的心理特徵的形成是必要而且是必然的。

我們這裡把那些明顯表現出補償性的性格特徵的兒童分為三類：生來就衰弱或有器官缺陷的兒童；從小受到嚴厲管教、沒有受到父母慈愛的兒童；從小被寵壞的兒童。

這三種類型代表了問題兒童的三種基本處境；藉由對這三種兒童的考察，我們就更能去研究和理解正常兒童的發展。儘管不是每個兒童都是生而殘疾，但令人吃驚的是，很多孩子都表現出某些由身體欠缺或器官缺陷所引發的心理特徵。我們可以從殘疾兒童中的極端例子來研究這些心理特徵的原型。而對於被嚴厲管教或嬌寵過甚的另兩類兒童而言，在實務上，幾乎所有的兒童都在不同程度上屬於兩者之一，或兩者兼有。

上述三種基本處境都會使兒童產生欠缺感和自卑感，並會刺激兒童形成超越其自己潛力的雄心壯志。自卑感和追求優越感是人生同一個基本事實的兩面，難以截然區分。在病理學上，我們很難判斷，是過度的自卑感還是膨脹的野心對個體的傷害更大。兩者通常會按照一定的節奏，依次出現。過度的自卑感會激起兒童膨脹的野心，而這種野心有時又會毒化他的心靈，使他永不安分。這種不安分並沒有導致有意義的行為；它不會結出任何果實，因為它受到了野心的過分澆灌。這種野心又與個體的性格和癖性糾纏在一起，不斷地刺激兒童，使他們變得過於敏感，並總是容易對傷害或蔑視動怒。

這種人（《個體心理學雜誌》充斥著這類個案）雖長大成人，才智能力仍沉睡未醒。他們變得「神經兮兮」，或性格乖僻。如果發展到極端，這種人最終會成為不負責任的人，或走向犯罪，因為他們頭腦裡只有自己，沒有別人。他們絕對是道德上和心理上的自我主義者。他們之中有些人迴避現實和客觀事實，為自己構築了一個全新的幻想世界。他們做著白日夢，沉溺於幻想世界，似乎那就是現實世界。於是，他們終於成功地獲得了心靈的安寧。而實際上，他們只是虛構出另一種現實，藉以達到心靈和現實的和解。

心理學家和為人父母者需要注意的是，所有類型的兒童在成長中所表現出來的社會情感（social feeling）的發展程度。社會情感在兒童心理的正常發展中具有決定性和指導性的作用。社會情感的發展若是受到任何阻礙，都會嚴重危害兒童的心理發展。社會情感是兒童正常發展的晴雨表。

個體心理學就是圍繞著社會情感的基本原則來發展相應的教育方法。孩子的家長和教育者不應該讓孩子只和一個人建立緊密聯繫，因為若是這樣，孩子勢必不能為將來的生活做好準備。

了解兒童的社會情感發展程度的一個好方法，就是仔細觀察他入學時的表現。剛進校門，兒童都會經歷人生中最初和最困難的考驗。學校對兒童來說，是一個新環境。在這裡，兒童將表現出他們對新環境是否準備充分，特別是對於如何與人相處是否準備好了。

人們普遍缺乏幫助孩子做好入學準備的知識，因此，許多成年人在回想他們的學校生活時，總覺得那簡直是一場噩夢。如果教育得法，學校自然也能彌補兒童早期教育的欠缺和缺失。理想的學校可以是家庭和現實世界之間的中介；學校不僅是一個傳授書本知識的地方，它還應該是傳授生活知識和生活藝術的場所。不過，在等待理想學校出現以彌補家庭教育缺陷的同時，我們也應該關注家庭教育的弊端。

對於家庭教育的弊端，學校只能發揮顯示器的作用，這是因為學校還不是一個十全十美的環境。如果父母沒有教育好自己的孩子如何與他人相處，那麼，孩子在入學時就會感到孤立無援；他們會因此被視為古怪、孤僻，這反過來又會強化孩子一開始的孤僻傾向。他們的成長因此受到傷害，並可能發展成問題兒童。人們常把這種情況的出現歸咎於學校，殊不知學校只是引發了家庭教育的潛在問題而已。

關於問題兒童能否在學校獲得一些進步，個體心理學還沒有定論。不過，我們總能證明，如果兒童進入學校時遭遇失敗，那將是一個危險的信號。這與其說是學習的失敗，還不如說是心理上的失敗。我們可以看到，這些兒童開始對自己失去信心。他們的氣餒情緒開始擴展，迴避有意義的行動和任務，總是盡可能地逃避，並尋求自由自在之道和便捷的成功。他們不走社會所確定和認可的大道，而是選擇能獲取某種優越來補償其自卑感的私人小道。對於這些喪失信心的兒童來說，選擇最快捷的成功之道，最具有吸引力。在他們看來，甩開社會的、道德的責任給他們一種毫不費力的征服感，這比起走社會所確定的大道要容易得多。選擇捷徑顯示了他們內在的怯懦和脆弱，儘管他們的外在行為表現得相當勇敢無畏。這種人只肯做十拿九穩的事，藉以炫耀自己的優越。

正如我們所見，作奸犯科之人儘管表面上無所畏懼，骨子裡卻十分脆弱；我們同樣可以看到，那些表面上天不怕地不怕的孩子，卻在沒有什麼危險的環境中，從各種微小的跡象暴露出一定的脆弱感。例如，我們經常看到有些兒童（還有成人）在站立的時候不是挺直腰桿，而總是要依靠什麼東西。傳統的治療方法和對這種現象的理解都只針對這種症狀本身，並沒有處理更基本的問題。人們總是對這樣的孩子說：「別老是靠著東西！」其實問題並不是孩子依靠著什麼東西，而是他總是渴求得到幫助和支持的心理。透過懲罰或獎勵，我們固然可以很快使這類孩子消除這種軟弱的表現，但他們強烈地渴求幫助的心理並沒有得到滿足。毛病的根源依然存在！只有好教師才能讀懂孩子的這些跡象，並以同情和理解去幫助孩子消除這種毛病的根源。

我們通常可以從某個單一的跡象來推斷出孩子所具有的心理素質和性格特徵。如果一個孩子表現出渴求依靠某個東西的行為，我們馬上就可以知道，這孩子肯定會有諸如焦慮、依賴等特徵。把他的情況與其他類似的而我們完全了解其情況的孩子作一比較，我們就可以重建這類兒童的人格，而且不需要太費力氣就可以確定，這個孩子屬於被嬌寵過甚的一類。

現在我們來探討從未受過慈愛的孩子的性格特徵。我們從那些罪大惡極者的生平中，可以發現這類兒童的性格特徵，只不過這些特徵在這些人身上表現得最淋漓盡致。從這類人的生活史當中，我們還可以看到一個事實，即他們在童年時代都曾遭受惡劣的對待。因此，他們就形成了冷酷的性格，滿懷嫉妒和恨意。他們不能容忍別人幸福。這一類嫉妒者不僅存在於惡貫滿盈者之中，在所謂正常人當中也可看到。一旦他們有了孩子，或對孩子負有教育責任，他們就會認定孩子不應該比他們自己的童年過得更幸福。不僅這種父母會對自己的孩子持這樣的態度，即使做為別人孩子的監護人也會持這樣的態度。

這樣的觀念和看法，並不是出於惡意。他們只是反映了那些在成長時期受到惡劣對待和嚴厲教育的人的精神狀態。這類人還會用許多他自以為正當的理由和格言來為自己的行為辯護，例如「不打不成器」。這些人不停地拿出無數的證據和例子來證明自己的行為，但都無法使我們相信他們是對的。僵硬的、專橫的教育是毫無意義的，因為這只會使孩子遠離這些教育者。

透過對不同的、相互關聯的不健全的症狀的考察，並在若干實踐之後，心理學家就可以建構出個體的人格系統。藉由這個系統，人們就可以揭示個體隱藏的心理過程。雖然我們對個體人格的考察，會揭示他整體人格的一些特徵，不過，只有當所考察的每個面向，都顯示出相同的特徵時我們才能得到結論。因此，個體心理學既是一門科學，也是一門藝術。在探討個體心理時，我們不能把理論框架和概念系統僵硬地加以套用，這一點再怎麼強調也不過分。個體才是所有研究的重點：我們不可能從一個人的一兩個表現就得出影響深遠的結論，而是要考慮到所有可能的面向。只有當我們成功地證實我們最初的假設，只有當我們能夠在一個人的行為的其他方面，也能發現同樣的頑固和挫折時，我們才可以有把握地說，這個人的整體人格具有頑固和挫折的特徵。

這裡需要記住的是，我們的研究對象並不理解他自己的行為表現，因此，他無法隱藏真正的自我。我們是從行動來認識他的人格，他的人格也不是透過他對自己的看法和想法而表現出來，而是透過他在環境中的行動表現出來的。這絕不是說，他是在故意向我們說謊，而是我們要知道，一個人有意識的思想和無意識的動機之間存在著巨大的距離。這種距離只有具備同情心、但又保持客觀的旁觀者才能跨越。這個旁觀者可能是心理學家，或是父母、教師，他應該在客觀事實（objective fact）的基礎上來解釋個體的人格，這種客觀事實體現了即使個體本人可能也未曾意識到的、有目的的追求。

因此，人們對個體生活和社會生活的三個基本問題的態度，最能夠表現其真正的自我。第一個問題涉及到社會關係，這在我們探討對現實的客觀看法和主觀看法的矛盾時，已經討論過。不過，社會關係的問題還具體表現為一種任務，也就是結交朋友和與人相處。個體如何面對這一問題？他的回應是什麼？如果一個人對他是否擁有朋友，或是否擁有社會關係，抱持完全無所謂的態度，並以為用這種態度他就可以迴避社會關係的問題，那麼，「無所謂」就是他對這個問題的回答。從這個無所謂的態度中，我們當然可以得出關於他人格的方向和結構的結論。此外，我們還應該留意，社會關係不僅限於如何贏得朋友和與人交往，還包括關於這些關係的抽象觀念，例如友情、同僚之誼、信任和忠誠等。對於社會關係問題的回答，同樣展現了個體對於這些抽象觀念的認識。

第二個基本問題涉及個體如何投入和運用自己的一生，也就是說，他想在普遍的社會分工之中扮演什麼角色。如果社會關係問題（第一個基本問題）是由一個以超越自我的「你—我」關係決定的，那麼可以說，第二個基本問題就是由「人—世界」的基本關係所決定的。如果我們把世界上所有的人壓縮成一個人，那麼，他勢必與世界有所關聯。他希望從這個世界得到什麼？就像對第一個問題的回答一樣，第二個基本問題即個體的職業問題，並不是個體單方面的或私人的問題，而是一個涉及人與世界的關係的問題。這種關係並不完全由個體的意志所決定。職業成就的取得並不取決於我們的個人意願，而是源於與客觀現實的關係。因此，個體對於其職業問題的回應及其回應的方式，很大程度反映了他的人格以及對生活的態度。

第三個基本問題來自於人類分為兩種性別的事實。這個問題的解決同樣也不是個體單方面的和主觀的事情；它的解決必須和兩性關係的內在客觀的邏輯一致。如何和異性相處？認為這是一個典型的私人問題，同樣是錯誤的。只有細緻地權衡所有與兩性關係相關的課題，我們才能獲得一個正確的解決之道。顯然，對於愛情和婚姻正確的解決之道的任何偏離，都體現了人格的缺陷和缺失。因此，許多由於對這個問題處理不當而產生的有害後果，都可以從更為基本的人格缺陷和缺失的角度來加以解釋。

因此，正如以上所述，我們完全能夠根據個體對這三個基本問題（社會關係問題、職業問題和兩性問題）的回答，去發現他大致的人生風格，以及獨特的目標。他的這個目標是一個關鍵，它會決定一個人的人生風格，並反映在這個人的行動上。因此，如果一個人的目標是合作進取的，指向生活中建設性的一面，那麼，我們就會在這個人的所有問題的解決方法中發現這一印記，發現他所有的問題解決方法中建設性的一面。個體也會因此感受到幸福和快樂，並在這種建設性和有益的活動中感受到一種價值和力量。相反地，如果一個人目標是指向生活中消極的一面，那麼，個體就不能解決這些基本問題，自然也就不能獲得妥善解決這些問題所帶來的快樂。

這些基本問題之間存在著密切的關係。由於在社會生活中，這些基本問題還會衍生出一些特定的任務，而這些特定任務又必須是在一個社會性的情境中，也就是在社會情感的基礎上才能夠妥善完成，這反過來又強化了這些基本問題之間的關係。實際上，這些任務在兒童的最早期就開始出現了：我們的感官隨著社會生活的刺激，而學著看、聽與說話；我們也是在與兄弟、姊妹、父母、親戚、熟人、伙伴、朋友和老師的關係中成長。這些任務還以同樣的方式伴隨人的一生。誰脫離了和其同伴的社會接觸，誰就註定要失敗。

因此，個體心理學有充足的理由認為，對社會有益的事，就是「正確的」。對社會規範的任何偏離都可以視為對「正確之道」的偏離，並將與客觀的法律及現實的客觀必要性發生衝突。這種與客觀現實的衝突將會使行為人產生明顯的無價值感；這種衝突也會引起受害者同樣或更為強烈的報復；最後，我們不要忘記，對社會規範的偏離還違反了人們內在的社會理想，而我們每個人都有意識或無意識地懷有這種理想。

由於個體心理學積極強調把兒童對社會情感的態度看作是其發展的指標，因此，個體心理學很容易確定和評價兒童的人生風格。因為一旦兒童遭遇到生活問題，他就會在這種考驗情境中（就像被測試時）表現出是否準備充分。換句話說，我們可以從中看出他是否擁有社會情感，是否擁有勇氣和理解力，是否追求對社會普遍有益的目標。然後，我們就會發現他向上努力的方式和節奏，發現他自卑感的程度和社會意識的發展強度。所有這些交織在一起，相互關聯，形成一個有機的不可分裂的統一體。這個統一體是不可分割的，直到這個統一體被發現有缺陷和新的統一體重建為止。

第二講 人格的統一性

The Unity of Personality

2

兒童的心理生活是一件很奇妙的事。無論我們接觸到哪一點，都引人入勝，令人著迷。最重要的也許是這樣一個事實——如果我們想要了解兒童的某一特定行為，就必須先了解其總體的生活史。兒童的一舉一動都是他總體生活和整體人格的表達，不了解他行為背後的生活背景，就無從理解他所做的事。我們把這種現象稱為人格的統一性（unity of personality）。

人格統一性的發展過程，會將人的行動和表現協調整合成一個單一的模式。這種發展從很小的時候就開始了：生活的要求迫使兒童整合和統一自己的反應，而他對不同情境的統一的反應方式不僅構成了兒童的性格，而且還會使他所有的行為都帶有一種個性，從而與其他兒童有所區別。

大多數的心理學派通常都忽視了人格的統一性，或即使沒有完全忽視，但也沒有給予應有的重視。結果，這些心理學理論或精神病學實踐，經常把一個特定手勢或一個特定的表達單獨挑出來研究，彷彿那是一個獨立的實體。有時，這種表達或手勢被稱為一種情結（complex），其假設是，把這個表達從個體的其他活動中分離出來是可行的。這樣的做法就像從一段完整的旋律中抽出一個音符，然後試圖脫離組成旋律的其他音符來理解這個音符的意義。這種做法顯然不妥，但卻相當普遍。

個體心理學認為應該要站出來反對這種廣為流行的錯誤做法。特別是這種做法用於兒童教育，會造成不小的危害。這在關於兒童懲罰的理論中尤為明顯。如果兒童做了會招致懲罰的事情，通常會如何呢？的確，人們通常會考慮到兒童的人格給人們的整體印象如何，不過，這麼做常常是弊大於利。因為如果這個兒童經常犯此錯誤，教師或家長就會先入為主地認為他屢教不改。相反地，如果這個兒童其他方面表現良好，那麼，人們通常會由於這種整體上的好印象而不會那麼嚴厲地處罰這個犯錯的兒童。不過，這兩種情況都沒有觸及問題的根源，即在全面理解兒童人格統一性的基礎上，探討這種犯錯的情況是如何發生的。這有點像脫離了整個旋律的背景來理解某一個音符的含義。

如果我們問一個兒童他為什麼懶惰，那麼，我們就不要期望他能夠認識到我們想知道的根本原因；同樣地，我們也不要期望一個兒童會告訴我們他為什麼撒謊。幾千年來，深諳人性的偉大的蘇格拉底的話一直縈繞耳邊：「認識自己是多麼地困難！」同樣的理由，我們怎麼能期望一個孩子能夠回答這樣複雜的問題呢？回答這些問題對於心理學家來說也是相當困難的。了解個體某一行為表達的意義的前提是，我們要有方法能夠認識他的整體人格。這個方法不是要去描述兒童做了什麼和如何去做，而是要理解兒童對於面臨的任務所採取的態度。

下面這個例子將會說明，了解兒童整體的生活背景是多麼的重要。一個十三歲的男孩有兩個妹妹。五歲之前，他是家裡唯一的孩子，並且度過了一段美好的時光，直到他妹妹出生。在這段時間，他周圍的每一個人都樂於滿足他的每一個要求。毫無疑問，媽媽非常寵愛他。爸爸脾氣好，愛安靜，兒子依賴他，他感到高興。孩子自然對媽媽更親近些，因為爸爸是個軍官，經常不在家。他的母親是一個聰明善良的女人，她總是試圖滿足這個既依賴又固執的兒子的每一個心血來潮的要求。不過，當這個兒子表現出沒有教養和脅迫性的態度和動作時，媽媽也經常感到生氣。於是，母子關係也出現了緊張。這首先表現在他的兒子總是試圖支配他的母親，對她蠻橫霸道，發號施令。總之，他以各種令人討厭的方式，隨時隨地尋求引人注目。

雖然這個孩子給他媽媽製造了很多麻煩，但他的本性並不太壞，因此，媽媽還是依從他討厭的態度和行為，還是幫他整理衣服，輔導功課。這個孩子總是相信，他的媽媽會幫他解決任何他面臨的困難。毫無疑問，他也是個聰明的孩子，也像一般的兒童一樣受到良好的教育。直到八歲那年，他在小學的成績還相當不錯。這時候他發生了一些明顯的變化，使得父母對他難以忍受。他自暴自棄，無所用心，懶散拖延，常使得他媽媽盛怒不已。一旦媽媽沒有給他想要的東西，他就扯媽媽的頭髮，不讓媽媽片刻安寧，擰她耳朵，掰她的手指。他拒絕改正自己的行為方式，他的妹妹越大，他愈加固守自己的行為模式。小妹妹很快就成為他的捉弄目標。雖然他還不至於傷害妹妹，但是他的嫉妒之心是顯而易見的。他的惡劣行為開始於他妹妹的誕生，因為從那時開始，妹妹成了家裡的關注焦點。

需要特別強調的是，當一個孩子的行為變壞，或出現了新的令人不快的跡象時，我們不僅要注意這種行為開始出現的時間，還要注意它產生的原因。這裡使用「原因」一詞時應該小心，因為我們一般很難了解，妹妹的出生竟會是哥哥成為問題兒童的原因。但這種情況卻經常發生。其原因在於這個哥哥對於妹妹出生這件事的態度有問題。當然，這不是嚴格意義上的物理學的因果關係。我們可以宣稱，落向地面的石頭必然會以一定的方向和一定的速度下落；但我們絕不能聲稱，一個孩子的行為之所以變壞，必然是因為另一個孩子的出生。而個體心理學所作的研究使我們有權宣稱，在心理「下落」方面，嚴格意義上的因果關係並不重要，而是那些不時產生的大大小小的錯誤在起作用。這些錯誤將會影響個體的未來成長。

毫不奇怪，人的心理發展過程會出現錯誤；而且這些錯誤和其後果密切相關，反映出個體錯誤的行為或錯誤的人生取向。問題的根源在於心理目標的設定：因為心理目標的設定和判斷有關，而一旦涉及判斷，就有出錯的可能。目標的設定在童年早期就開始了。兒童通常在兩歲或三歲，就為自己設定了一個追求優越的目標。這個目標總是在眼前指引著他，激勵他以自己的方式去追求這個目標。錯誤的目標設定通常是基於錯誤的判斷。不過，目標一旦設定了就不容易改變，它會程度不一地約束和控制兒童。兒童會尋求以自己的行動落實自己的目標，也會調整他的生活，以便全力以赴追求和實現這個目標。

因此，這一點很重要：孩子如何以他個人的方式去理解、詮釋事物，這會決定他的成長。如果兒童陷入新的困難處境時，他的行為會受制於自己已經形成的錯誤觀念，這一點同樣也很重要。正如我們所知，當兒童在一個情境中，他所獲得的印象的強度和方式，絕不取決於客觀的事實或情況（如另一個孩子的出生），而是取決於兒童看待和判斷事實或情境的方式。這是反駁嚴格因果論的充分依據：客觀的事實及其絕對的含義之間存在著必然的連繫，但是，客觀事實和對事實的錯誤看法之間絕對不存在這種必然連繫。

我們的心理最奇妙之處，是我們對事實的看法，而不是事實本身，決定了我們的行動方向。這種心理情況特別重要，因為對事實的看法是我們行動的基礎，也是我們人格建構的基礎。人的主觀看法影響行動的一個經典例子，就是凱撒登陸埃及的情況。當時凱撒上岸時被絆了一下，摔倒在地。羅馬士兵把這視為不祥之兆。如果不是凱撒（機智地）興奮地張開雙臂，激動地喊道：「你屬於我了，非洲！」那麼，羅馬士兵肯定掉頭回去了，雖然他們都英勇無比。從中我們可以看出，現實自身的結構對我們行動所起的作用是多麼的微小，現實對人的影響又是如何受到我們結構化的、整合良好的人格的制約和決定。群眾心理和理性的關係也同樣如此：如果在一個對於群眾心理有利的環境中出現了人的健康的理性常識，這並不是說群眾心理或理性是由環境決定的，而是體現了兩者對環境的自發性的看法一致。通常，只有當錯誤的觀點受到批判和分析的時候，才會出現理性常識。

讓我們再回到小男孩的故事吧。我們可以想像，這個小男孩很快就會陷入困境。再也沒有人喜歡他，他在學校進步不大，他依然故我。他仍然不斷地干擾別人，這是他的人格的完整表現。接著會怎樣呢？每當他騷擾別人，他就會受到懲罰。他會被記錄在案，或者學校會向他父母投訴。若還是屢勸不聽，學校就會建議父母把這個孩子領回去，因為他顯然不適應學校生活。

對於這種解決方法，小男孩可能比任何人都開心。他要的就是這個。他的行為模式的邏輯一致性，再次從他的態度中表現出來。雖然這是一個錯誤的態度，但是，這個態度一旦形成，就不易改變。他總想成為眾人矚目的焦點，這是他所犯的一個根本錯誤。如果說他應該因犯錯而受到懲罰，那麼，他應該是因為這個錯誤（想成為眾人矚目的焦點）而受到懲罰。由於這個錯誤，他總是不斷地設法讓母親繞著他轉；由於這個錯誤，他彷彿君王，擁有絕對的權力達八年之久，直到他突然被罷黜了王位。直到他喪失自己的王冠之前，他只為他媽媽而存在，他的媽媽也只為他而存在。後來他妹妹出生了，擠掉了他在家庭的位置，因此，他想拚命奪回自己的王位。這又是一個錯誤。不過，我們必須承認，他的本性並不壞。只有當一個兒童面臨他完全沒有準備的情境，而且又沒有人指導，他只能獨自掙扎著去應付時，這種惡劣的行為才會出現。我們這裡可以舉個例子。如果一個小孩只習慣別人把注意力完全放在自己身上，突然面臨一個完全相反的情境：這個孩子開始上學，而學校裡的老師對所有學生一視同仁。如果這個小孩要求教師給予更多的關注，那麼他自然會惹怒老師。對於一個被寵壞的孩子來說，這種情境顯然是太危險了，雖然他一開始並不那麼惡劣和不可救藥。

因此，我們很容易理解和解釋這個案例中小男孩個人的生活方式，與學校所要求和期待的生活方式之間所發生的衝突。我們可以用圖示的形式來描繪這種衝突：如果我們標示出兒童人格的方向和目的與學校所追求的目的，我們會發現它們之間是不一致，甚至是相反的。但是，兒童生活中的所有活動，都由其自身的目的所決定，因此，他的整體人格不允許偏離他的目的。另一方面，學校則期望每一個孩子都有正常的生活方式。因此，兩者之間產生衝突就不可避免了。不過，學校方面忽視了這種情境之下的兒童心理，既沒有體現出管理上的寬容，也沒有採取措施設法消除衝突的根源。

我們知道，這個小男孩的生活被一個動機所控制：讓母親為他服務、操勞，而且只為他一個人服務、操勞。他的心理完全縈繞著一種盤算：我要控制母親，而且要獨占她。而學校對他的期望則完全相反：他必須獨立學習，整理好自己的課本和作業。這就像是在一匹野馬的脖子上拴上一輛馬車。

兒童在這種情形下，自然表現不是最好。不過，如果我們理解了兒童的真實處境，我們就會對他產生更多的同情。懲罰是沒有意義的。懲罰只能加劇孩子認為學校不是他理想之所的想法。如果他被學校開除，或學校要求父母將他帶走，那他會感到正中下懷。他錯誤的感知模式就像一個陷阱，把自己給陷進去了。他覺得自己獲得了勝利，他現在可以真正把母親置於自己的權力之下。母親必須重新專門為他效勞，這正是他夢寐以求的。

如果我們明白了真實的情形，我們就不得不承認，對孩子的這樣或那樣的錯誤予以懲罰，幾乎沒有什麼意義。例如孩子上學忘記帶書本（如果他沒有忘記，那才是一個奇蹟），因為如果他忘記了什麼，他母親就要為他操心。這絕不是一個孤立的行為，而是其整體人格圖像的一部分。如果我們記得，一個人的人格的所有表現都是相互關聯，並形成一個整體，那麼，我們就會知道這個小男孩的行為完全是與其生活方式一致的。這個事實，也同時在邏輯上駁斥了一種假設：孩子不能勝任學校的任務，是因為他智力遲鈍。一個智力遲鈍的人是不可能一貫地按照自己的生活方式而行事的。

這個案例還告訴我們，在某種程度上，我們所有人都與這個小男孩的處境類似。我們自己的生活方式以及對生活的理解，從來就不是與社會傳統完全和諧一致的。過去，我們曾經把社會傳統視為神聖而不可背棄的，現在我們知道，人類的社會制度和風俗並無神聖之處，也並不是永恆不變的。相反地，它們總是處於不斷地發展和變化中，其中發展的推動力就是社會中的人的不斷的抗爭。社會制度和習俗是為了個體而存在，而不是相反。的確，個體的救贖必須仰賴他的社會意識（social-mindedness），但這並不是說，我們就可以強迫個體接受千篇一律的社會模式。

對於個體和社會之間關係的這種思考，是個體心理學的基礎，同時，這對於學校系統和學校中適應不良的學生的處理，有著特殊的意義。學校必須學會把兒童視為一個具有整體人格的個體，一塊有待琢磨的璞玉。學校還必須學會運用心理學的見解，來對特定的行為進行評價和判斷。學校不能把特定的行為視為一個孤立的音符，而應該把它視為整個樂章的組成部分，即整體人格的組成部分。

第三講 追求優越及其對教育的意義

The Striving for Superiority and Its Educational Significance

3

除了人格的統一性，人性的一個最重要的心理事實就是人們對於優越感和成功的追求。這種追求自然是與人的自卑感有著直接的關聯。如果我們沒有感受到自卑，或落居「下風」，我們就不會有超越當下處境的期望。追求優越和自卑感是同一個心理現象的兩面，但是為了方便說明，這裡把它們分開來討論。本章先討論追求優越及其對於教育的意義。

首先，人們可能會問，追求優越是否和我們的生物本能一樣，是與生俱來的？對此，我們的回答是，這是個無法成立的推測。我們不太能夠說追求優越是與生俱來的。不過，我們必須承認，追求優越具有一定的生物基礎，這種基礎存在於胚胎之中，並具有一定的發展可能性。也許這樣說更恰當：人在其本性上是與追求優越密切相關的。

我們知道，人類的能力是有極限的，有些能力，人類是不可能發展的。例如，我們不可能達到狗的嗅覺能力，我們的肉眼也不能看到紫外線。不過，我們擁有某些可能繼續發展和培養的功能性的能力。我們可以從這些能力的進一步發展中看到追求優越的生物學前提，也可以從中看到個體人格的心理發展的根源。

如今我們知道，那種在任何環境下都追求優越的強烈衝動，兒童和成人都有，不可抹滅。人的本性忍受不了長期的低下和屈從；人們甚至摧毀了自己的神祉。被輕蔑的感覺、不安全感和自卑感，總是會讓人想爬得更高，以獲得補償和臻於完美。

我們可以說，兒童的某些特徵是環境力量的結果。兒童在某種環境中，感受到了自卑、脆弱和不安全，而這些感覺反過來又對兒童的心理產生了刺激作用。兒童便下定決心擺脫這種狀態，努力達到更好的水準，以獲得一種平等甚至優越的感覺。孩子這種向上的願望越強烈，他就越會調高自己的目標，從而證明自己的力量。不過，這些目標常常超越人的能力範圍。由於兒童小時候能夠獲得來自不同方面的支持和幫助，因而刺激了兒童設想自己未來會成為一種類似上帝的人物。我們發現，兒童自己也會被這種成為類似上帝的人物的想法所控制。這通常會發生在那些自我感覺特別脆弱的兒童身上。

這裡我們以一個心理問題嚴重的十四歲男孩為例，來說明上述情況。在要求他回憶童年的印象時，男孩說，他在六歲的時候因不會吹口哨而非常沮喪。不過，有一天當他走出房間時，他突然會吹了。他極為震驚，並真的相信這是上帝附身的結果。這個案例清楚地說明，脆弱感和想像自己近乎上帝之間存在著內在聯繫。

渴望優越是與一些明顯的性格特徵相關的。我們可以透過觀察一個孩子對優越感的渴望，來揭示他的雄心（ambition）。如果這種自我肯定的願望太過強烈，那麼他總會表現出某種嫉妒心。這種類型的兒童很容易染上希望其競爭對手遭受各種可能噩運的心理。他不僅懷有這種陰暗心理（這經常會引起精神官能症），而且還會給對手製造傷害，帶來麻煩，甚至表現出十足的犯罪特徵。這樣的孩子會造謠中傷、洩露隱私、貶損同伴，以抬高自己的價值，特別是有他人在場看著他的時候。他誤以為沒有人能夠超越他，因此，他是抬高自己的價值，還是貶損他人的價值，這並不重要。如果這種權力欲望過於強烈，他就會表現出惡毒和報復心理。這種孩子總是表現出一副好鬥和挑釁的架勢，他們眼露凶光，突然發怒，隨時準備和想像中的對手搏鬥。對於這些渴求優越的孩子來說，參加考試是一件非常痛苦的事，因為這會輕易暴露出他們的無價值。

這個事實表明，考試必須適應學生的特點。考試對於每個學生絕不代表相同的事情。我們經常會發現，考試對於有些學生是一件極為艱難的事，他們的臉色一會兒白，一會兒紅，言語結巴，身體顫抖，又懼又怕，腦筋一片空白。有些學生則只能與別人一起回答問題，而無法單獨回答問題，因為他們害怕別人看著他。兒童追求優越的心理也同樣表現在遊戲當中。例如，在玩馬車的遊戲裡，如果其他的兒童扮演車夫，那麼那些具有強烈的追求優越心理的兒童，則不會願意扮演馬匹的角色，而總是想去扮演車夫，成為領導者，決定馬車的前進方向。如果他們過去的經驗妨礙其擔當這個領導者（車夫）角色，他們就會以擾亂其他人為樂。此外，如果他們接二連三地受挫，並因此喪失了勇氣，窒息了雄心，那麼，他們在面臨新的情境時就會退縮，而不是勇敢向前。

那些野心勃勃、尚未受挫的兒童，會樂於參與各種競爭性的遊戲。不過，我們會看到，他們在遭受挫折時也會表現出驚恐和不知所措。我們可以從孩子喜歡的遊戲、故事和歷史人物，看出他們自我肯定的方向和程度。在成人的情況，我們發現很多人崇拜拿破崙。對於一些具有野心的成人來說，拿破崙當然是個非常適當的典範。沉溺於妄自尊大的白日夢，常常是自卑心理的強烈標誌。這種心理驅使這些遭受挫折的人，在現實之外尋求精神上的滿足和陶醉。類似的情況也經常出現在夢中。

如果進一步考察這些兒童追求優越的不同方向，我們可以把他們分為幾個類型。當然，這種分類不可能很精確，因為兒童在追求優越方面有無數種可能，而我們主要是用兒童對自己的信心多寡來進行區分。那些心理健康的兒童會把自己對優越的追求轉為去發展有用的能力；他們會讓老師放心，注重整潔和秩序，從而發展成一個正常的學生。不過，經驗告訴我們，這樣的兒童並不占大多數。

另一些孩子則總是想勝過別人，把這當作努力的首要目標，並表現出一種令人猜不透的執著。通常，這種對優越的追求夾雜著過分的雄心。但是，這點通常被人忽視，因為我們習慣把雄心視為一種美德，並激勵孩子多多努力。這是一個錯誤，因為過分的雄心會妨礙孩子的正常發展，會帶給孩子緊張心理。短時間內，孩子還能承受，時間一長，這個壓力對孩子來說就太大了。這樣一來，孩子就會花太多的時間在書本上，而忽視了其他活動。這種孩子通常會迴避其他問題，受到自己膨脹的雄心驅使，他們總想要在學校名列前茅。對於這樣的發展，我們很難認同，因為在這種情況下，兒童的身心不可能獲得健全發展。

這種兒童把他們的生命目標只局限在超越別人，並依此來安排他們的生活，這對他的正常發展並不十分有利。我們要不時提醒他們，不要花太多的時間在書本上，要經常出去走動，呼吸新鮮空氣，多和同伴玩耍，關注其他的事情。當然，這類孩子同樣不會占大多數，但卻經常出現。

此外，還會出現在同一個班級裡兩個學生暗中較勁的情況。如果有機會對此進行仔細觀察就會發現，這兩個互相較勁的兒童，會形成一些並不那麼令人喜歡的性格特徵。他們會表現出既妒忌又羨慕的性格，那是獨立的、和諧的人格所不會出現的特質。他們看到別的孩子成功，會感到惱怒不已。當其他人處於領先地位時，他們就開始頭疼、胃痛之類的。當其他的孩子受到讚揚時，他們會憤怒地走開，當然，他們也從來不會稱讚別人。這種妒忌的表現並不能充分反映出這類孩子的過分雄心。

這種孩子尤其不能和玩伴好好相處。在玩遊戲時，他們總想扮演領導者的角色，也不願意遵守一般的遊戲規則。這樣做的結果就是他們在集體活動中體會不到樂趣，並以高傲的態度對待同班同學。跟同學的任何接觸，都會令他們不快，因為他們認為跟同學接觸越多，他們的地位就越不安全。這種兒童對自己的成功從來沒有信心。當他們感到自己處於不安全的環境時，他們很容易方寸大亂，不知所措。別人對他們的期待和他們自己加諸於自己的期望，對他們來說實在是太巨大了，他們難以負荷。

這些兒童會敏銳地感受到家庭對他們的期望。對於任何一個加諸於他們身上的任務，他們都懷著激動和緊張的心情去完成，因為他們總想超過別人，總想成為「眾人矚目的人物」。他們承擔著希望的重擔，而且只要情況有利於自己，他們就願意承擔這種重擔。

如果我們人類掌握了絕對真理，掌握了可以使兒童免除上述困難的完美方法，那麼，我們也許就不會有問題兒童了。但既然我們不能擁有這種完美方法，而我們也不能為兒童創設理想的學習環境，那麼，很顯然，上面所描述的對孩子有害的期望，就是一件異常危險的事。這些孩子遇到困難的感受，完全不同於那些擁有健康期望的兒童對困難的感受。我這裡所說的困難是指無法逃避的困難。讓兒童避開困難是不可能的，而且幾乎永遠不可能。一方面是因為我們的教育方法並不適合每個兒童，需要改進，需要不斷地改進；另一方面是因為過分的雄心會葬送兒童對自我的信心。他們喪失了面對困難和解決困難的勇氣，而勇氣卻是解決困難所必須的。

雄心過大的兒童只關心最終的結果——他的成績獲得人們的認同。沒有別人的認同，他們就不會對自己感到滿足。正如我們所知，在很多情況下，面對問題的出現，保持心理平衡遠比認真著手解決問題更重要。一個只關心結果、雄心過大的兒童不了解這一點。他覺得，沒有別人的認可和崇拜，他就無法活下去。這種心理依賴和過於看重別人評價的兒童，並不在少數。

我們可以從那些天生有器官缺陷的兒童身上看到，不對價值問題喪失平衡感是多麼重要。這種例子比比皆是。許多兒童身體的左半部要比右半部發育得更好，人們很少知道這一點。在我們這個右撇子的文化中，左撇子兒童遭遇到很多困難。我們會發現，幾乎毫無例外的是，左撇子兒童在書寫、閱讀和繪畫方面困難重重，他們在運用手的方面顯得笨拙、不夠靈活，似乎他們有「兩隻左手」。我們需要運用一些方法才能確定兒童是左撇子，還是右撇子。一個簡單但不完全的方法是要求兒童雙手交握：左撇子兒童會把左大拇指擺在右大拇指上面。我們會驚奇地發現，竟然有這麼多人是天生的左撇子，而他們自己卻不知道這一點。

如果我們對大量左撇子兒童的生活史加以研究，會發現這樣的事實：首先，這些兒童通常都曾被視為笨拙（在我們這個以右手為主的世界中這並不奇怪）。要體會箇中情形，我們只需想像一下習慣靠右行駛的我們，在一個靠左行駛的城市（如在英國或阿根廷）試圖開車穿越街道時的不知所措。左撇子兒童的情況要比這更糟，如果家庭其他成員都是右撇子的話。他的左撇子不僅給他的生活帶來困難，也干擾了家人的生活。當在學校學習寫字時，他的表現會低於平均水準。由於沒有人發現其原因，因此他受到斥責，得到較低的分數，並經常受到懲罰。在這種情況下，左撇子兒童只能把這理解為他在某些能力上不如別人。他會感覺被貶低和蔑視，感到自卑或沒能力與別人競爭。他在家裡同樣會因笨拙而受到斥責，這就更加重了他的自卑。

當然，這些孩子未必會認輸，但是，我們看到許多兒童在類似的情形下放棄了努力。他們不明白自己真實的情況，也沒有人告訴他們如何去克服困難，因此他們很難繼續努力下去。許多人的字跡潦草難以辨認，也可歸於上述這些原因——他們從未充分地訓練自己的右手。事實上，這方面的困難是可以克服的：在許多一流的藝術家、畫家和雕塑家當中，很多人是天生的左撇子。他們透過訓練，獲得了善用右手的能力。

有一種迷信認為，天生的左撇子如果通過訓練來使用右手，就會說話結巴。這可能是因為左撇子兒童有時面臨的困難太大，以至於喪失了說話的勇氣。這也是為什麼具有其他心理問題者（如精神官能症患者、自殺者、罪犯、性變態者等）當中有很多是左撇子。但另一方面，我們也經常看到，那些克服了左撇子困難的人也可以取得成就和尊嚴，這常常發生在藝術領域。

儘管左撇子特徵本身意義不大，但卻告訴我們，除非我們努力使孩子的勇氣和毅力發展到一定的程度，否則我們就無從判斷孩子的能力和潛力。如果我們嚇唬他們，奪走他們對美好未來的希望，那麼，他們固然也能夠繼續活下去，但如果我們鼓勵他們的勇氣，那麼，孩子就會取得更多更大的成就。

雄心過度的孩子之所以處境艱難，是因為人們常常以外在的成功來評判他們，而不會根據其面對困難和克服困難的能力來評價他們。在當今世界，人們更關注可見的成就，而不看重全面和徹底的教育。我們知道，那種不經努力獲得的成功是容易消逝的，因此，訓練孩子野心勃勃並無益處。相反地，更重要的是培養孩子的勇敢、堅忍和自信，要讓他們了解，面對挫折不能氣餒，不能喪失勇氣，而是要把挫折當作一個新的問題去解決。當然，如果教師能夠判斷孩子在某個領域的努力是否有希望，能夠確定孩子是否盡了最大的努力，那麼，這對於孩子的成長和發展就更有利了。

正如我們所看到的，孩子對優越感的追求會體現在他的某一性格上面，例如爭強好勝。但是，有些孩子對優越感的追求最初表現為爭強好勝，不過，由於有些兒童已經遠遠走在了前面，超越他們已似乎不可能了，他們只好放棄。許多教師採取非常嚴厲的措施，或給較低的分數來對待那些他們認為沒有表現出足夠雄心的學生，希望以此來喚醒他們沉睡的鬥志。如果這些孩子還有一些勇氣的話，或許這種方法短時間內有用。不過，這種方法不宜普遍使用。那些學習成就已經跌到警戒線的孩子會被這種方法弄得完全不知所措，會因此墮入明顯的愚笨狀態。

但是，如果我們能以溫和、關心和理解來對待這些孩子，他們則會令人吃驚地表現出一些我們意想不到的智力和能力。以這種方式轉變過來的孩子通常會表現出更大的雄心，其中的原因很簡單：他們很害怕回到原來的狀態。他過去的生活方式和無所作為成為警示信號，不斷地鞭策他們前進。在後來的生活中，他們中的許多人就像著了魔似的，完全變了樣；他們夜以繼日，飽嘗過度工作之苦，卻認為自己做得還不夠。

如果我們還記得個體心理學的基本思想，即個體的人格（包括成人和兒童）是一個統一體，這種人格的行為表現和個體逐漸形成的行為模式是一致的，那麼，上面所有的一切就變得更清晰了。脫離行為者的人格來判斷他的某一行為是沒有意義的，因為每個行為都可以從多方面來進行解釋。如果我們把學生的一個特定行為或態度——例如做事拖拖拉拉——理解為他對於學校所賦予的任務的一種必然的反應，那麼，判斷上的不確定性就會消失。孩子的這種反應僅僅意味著他不想上學，也不想努力完成學校的任務。事實上，他會想盡辦法不遵從學校的要求。

從這個觀點出發，我們就可以理解所謂的「壞」孩子到底是怎麼回事。孩子之所以不想上學，是因為他追求優越的心理無法被學校所接受，而是表現為抗拒學校的要求。於是，他表現出一系列行為症狀，逐漸墮入不可救藥的境地，甚至不僅沒有進步，還在退步。他越來越樂於當一名小丑，不斷地搗蛋戲謔，引人發笑，除此之外，無所用心。他還會激怒和招惹同學，曠課翹課，或與社會上不三不四的人打成一片。

因此，可以看出，我們不僅掌握著學生的命運，而且還決定著他們的未來發展。學校教育對個體的未來生活具有決定性的影響。學校處於家庭和社會之間，它有可能矯正孩子在家庭教育中受到的不良影響，也有責任使他們為適應社會生活作好準備，並確保他們在社會的這個大樂隊中，和諧地「演奏」好自己的角色。

從歷史的角度來考察學校的作用，我們就會了解到，學校總是試圖按照各個時代的社會理想來教育和塑造個體。學校在歷史上曾經先後為貴族、教士階層、中產階級和平民服務，也總是按照特定時代和統治階層的要求來教育兒童。今天，為適應變化了的社會理想，學校也必須作出相應改變。因此，如果今天理想的成人是獨立、自我控制和勇敢的人，那麼學校就得作出相應調整，以培養接近這種理想的人。

換句話說，學校不能把自身視為目的。學校必須清楚，它是在為社會，而不是在為自己教育學生。因此，學校不應該忽視任何一個放棄成為理想學生、模範學生的兒童。這些學生追求優越感的心理，並不必然弱於那些正常的兒童。他們只不過把注意力轉移到去做其他不需要太多努力的事情上去了。他們相信，這些事情比較容易獲得成功，不管這種相信是對是錯。這可能是因為他們早年曾無意識地在這些領域進行過摸索，並曾獲得成功的緣故。因此，雖然他們不能在數學上取得優異成績，但是他們可能成為運動場上的健將。教師千萬不要輕視孩子在這些方面的成績，而要把這種成績當作教育的突破口，鼓勵學生在其他領域追求同樣的進步。如果教師一開始就從孩子某一方面的長處出發，鼓勵他們，相信他們也可以在其他領域取得同樣的成績，那麼，教師的任務就比較輕鬆了。這猶如把孩子從一個結實累累的果園引入到另一個結實累累的果園。因此，既然所有的孩子（弱智兒童除外）都具備取得學業成功的能力，那麼，學校所要做的只是克服那些人為設置的障礙。這些人為的障礙之所以產生，是因為學校把抽象的學業成績，而不是把教育的最終目的和社會目的當作評判標準。從學生方面來看，這些障礙還反映了學生缺乏自信，因此，他們對優越感的追求便偏離了對社會有益的活動，因為在這些對社會有益的活動中，他們難以獲得他們所要追求的優越感。

在這種情況下，兒童會怎麼做呢？他會想到逃避。我們經常會發現，這些孩子會做出一些特別的行為，例如頑固和無禮，這些行為自然不會贏得教師的讚揚，但卻可以吸引教師的注意和其他孩子的崇拜。他們因此會把自己視為了不起的英雄。

這些心理表現和偏離規範的行為，是發生在學校這個實驗場裡。這些心態和行為的根源並非都來自學校，但它們的確是在學校才透露出端倪。從積極的意義上來說，學校對於這些問題負有教育和矯正的任務；從消極的意義上來說，學校只是讓孩子的早期家庭教育缺陷曝光的實驗室而已。

一個觀察敏銳的稱職教師，在小孩入學的第一天就能觀察到很多東西。因為很多兒童會馬上暴露出受到過分溺愛的跡象，他們覺得新環境（學校）給他們帶來了痛苦和不適。這種孩子沒有與人打交道的經驗，尤其重要的是，他們不願或不能獲得友誼。孩子在入學之前最好已擁有一些如何與人交往的常識。他不能只依賴一個人，而把其他人排斥在外。孩子家庭教育的缺陷必須在學校得到矯正，當然，最好是沒有缺陷。

對於這些在家庭被過分溺愛的孩子，我們不要期望他們馬上就能專心於學校的學習。他不可能很專心。他寧願呆在家裡，也不願上學。事實上，他沒有「學校意識」。小孩厭惡上學的跡象是很容易發現的。例如，父母每天早上都要哄勸小孩起床，催促他做這做那；小孩吃早飯的時候拖拖拉拉，等等。看起來小孩已經為自己的進步構築一條不可逾越的障礙。

矯正這種情況和解決左撇子問題一樣：我們必須給他們時間去學習和改變。如果他們上學遲到，我們也不能懲罰他們，因為這只會加強他不喜歡學校的感覺。懲罰只能讓孩子更加認定他不屬於學校。如果父母責罰孩子，強迫他上學，那麼孩子不但不願上學，而且還會想方法來應對自己的處境。當然，這些方法就是為了逃避困難，而不是面對和解決困難。我們可以從孩子的每個動作和行為中看出他厭惡學習，無力解決學業問題。他的書本從來不在一塊，總是忘記或遺失。如果我們看到一個孩子經常忘記或遺失書本，幾乎可以確定，他在學校並不如意。

如果進一步研究這些孩子，我們幾乎總會發現，他們對獲得哪怕是最微小的學業成功都不抱希望。他們這種自我低估並不完全是自己的責任，周圍的環境對於他們走上這條錯誤之路也有推波助瀾之功。家人在發怒的時候可能會預言說他們前景暗淡，或者罵他們愚笨或無用。當他們在學校的表現似乎證實了這些預言，他們也缺乏判斷能力和分析能力（他們的家長也同樣缺乏）來糾正這種錯誤看法和預言。因此，他們甚至在做出努力之前，就已經放棄了努力。他們把由他們自己造成的失敗視為不可克服的障礙，並把它們視為自己無能或不如別人的證明。

錯誤一旦發生，矯正的可能性就很小。這些兒童儘管做出明顯努力，卻通常還是落在別人後面，因此，他們很快就會放棄努力，並把自己的腦筋轉向尋找藉口來解釋他們為什麼沒來上課。翹課通常被視為非常嚴重的行為，是要受到嚴厲責罰的。於是，孩子會認為自己被迫使用詭計、造假來矇騙父母和老師。不過，還有其他一些使他們在錯誤之路上越走越遠的手段。他們會偽造家長簽字，篡改成績單。他們會向家裡編造一連串他們在學校所作所為的謊言，而他們實際上已經翹課好長一段時間了。在學校上課期間，他們會尋找藏身之地。當然，他們會和其他已經翹課一段時間的孩子躲在一起。由於翹課，他們追求優越的心理無法滿足，這就驅使他們採取新的行動，確切地說，就是違法行動，來追求優越感。這樣一來，他們一個錯誤接著一個錯誤，最後走向了犯罪。他們最終會結成幫派，開始偷竊，嘗試不正常的性行為，並覺得他們已經長大了。

一旦他們開始邁出這麼一大步，他們就會尋求新的方法來滿足他們的野心。只要他們的行動沒有被發現，他們就覺得可以做出最大膽的罪行。他們會一意孤行地沿著這條路走下去，因為他們認為他們在別的方面不可能取得成功。他們不會想到去做任何富有建設性和有益的事。受同夥行為不斷刺激的野心，驅使他們做出非社會的和反社會的行為。我們可以發現，一個有犯罪傾向的孩子同時也極端自負。這種自負和野心有著同樣的根源，它迫使他們不斷以各種方式來突顯自己。當他們不能在生活中的積極面去獲得一席之地的時候，他們就會轉向生活中的消極面。

我們來看一個殺死老師的男孩的案例。透過對這個案例的進一步調查，我們會發現這個男孩具有上述所有的性格特徵。負責管教這個小男孩的是一名女教師，她自以為很了解心理活動的表達和功能，因此這個小男孩在一個受到精心照顧卻又太過高壓的氣氛中長大。結果，這個小男孩喪失了自信，因為期望過高，卻一無所成，而完全地灰心喪志了。學校和生活都滿足不了他的過高期望，他便轉而違法犯罪，以此來擺脫教師和教育治療專家的控制。而社會至今還沒有設立一種可以把犯罪，特別是青少年犯罪當作教育問題來處理的機構，換句話說，就是當作心理矯正的問題來處理的機構。

從事與教育有關的工作者都熟悉一個值得注意的事實，即我們經常會在教師、神父、醫生和律師家裡發現敗壞和任性的孩子。「壞孩子」不僅會出現在職業聲望不高的教育者家庭，也會出現在那些我們認為是權威人士的家庭。儘管他們擁有較高的職業權威，不過，他們似乎沒有能力為自己家裡帶來和平與秩序。對於這種現象的解釋是，在所有這種家庭裡，某些重要的觀點不是被完全忽視，就是完全沒有被理解。其中的部分原因是，這些做為教育者的父親，以他們自以為是的權威，把一些嚴格的規則和規定強加給他們的家庭。這樣一來，他們就異常嚴厲地壓迫自己的孩子，威脅到孩子的獨立，甚至剝奪了他們獨立的可能性。他們似乎在孩子身上喚起了一種反抗的情緒，喚起了孩子對記憶中責罰他們的棍棒的報復。我們要記住，父母刻意的教育會使他們特別關注和監視自己的孩子。在絕大多數的情況下，這是件好事；不過，這也經常使孩子總是想處於被關注的核心。這樣一來，這些孩子容易把自己視為一種用來展示的試驗品，並認為他人應該對此負責，因為他人是決定和操縱的一方。這些孩子認為，其他人應該為他們克服一切困難，唯獨他自己不用負責。

第四講 導正追求優越的方向

Directing the Superiority Striving

4

我們已經知道，每個孩子都追求優越感。父母或教師的任務就是把這種追求引導至有成就和有益的方向。教育者必須確保孩子對優越感的追求，能給他們帶來精神健康和幸福，而不是精神疾病和錯亂。

如何才能做到這一點呢？區分有益的和無益的優越感追求的基礎又是什麼？就是看它是否符合社會利益。我們很難想像一個值得稱道的成就與社會無關。想一想那些我們認為是高貴、高尚和有價值的偉大行為吧，它們不僅對於行為者自身，而且對於社會也同樣具有價值。因此，教育孩子就是要培養他的這種社會情感，或者是，與社會一體的感覺。

那些不懂得社會情感為何物的孩子將會成為問題兒童。這些兒童對優越感的追求還沒有被引導至對社會有益的方面。

確實，對於什麼才是對社會有益，人們的看法差異頗大。不過，有一點是確定的，我們可以從一棵樹所結的果實來判斷這棵樹。我們可以從某一行為的結果來分辨它是否對社會有益。這也意味著，我們還必須把時間和效果納入考量。終究，一個行為必須與現實的邏輯有所交集，而其相關性就可以看出這個行為之於社會利益的相關程度。社會上總有一種共通的價值標準，一個行為的結果與這個標準是一致還是衝突，遲早會水落石出。幸運的是，我們在日常生活中，並不總是需要用到複雜的評價技術，來對某一行為結果進行判斷。對於社會運動、政治趨勢等等的效果，我們一時很難看清，也常有爭議。不過，對於眾人的生活和個體生活領域，某個行為的效果最終會顯示出這些行為是有益、正確的，還是無益、錯誤的。以科學的觀點來看，我們不可能把某種行為視為是對所有人都是善的、有益的，除非那是一個絕對真理，一個對於人生問題的正確解決方式；然而人生問題是受到地球、宇宙和人際關係的邏輯制約的。這種客觀的、全世界人類所形成的制約就像一道複雜的數學題擺在我們面前，答案顯然就在其中，但我們未必能夠解開它。我們只能參考該問題的資訊，設法判斷某個解決方法的正確性。可惜的是，我們檢驗某個解決方法的時機有時來得太遲，以致我們來不及去糾正某些錯誤。

由於人們不能從一種邏輯的和客觀的觀點來審視自己的生活結構，因此大部分的人不知道自己的行為模式具有一貫性和一致性。一旦問題出現，他們就會陷入恐慌，而不是想去面對和解決問題。他們會認為他們走錯了路，所以才會出現問題，才會犯錯。對於孩子來說，必須記住，如果他們偏離了對社會有益的方向，他們就不能從負面的經驗中去獲得正面的教訓，因為他們不了解問題的關鍵在哪裡。因此，有必要教育兒童不要把他們的生活看作是一連串互不關聯的事件，而是要把自己的生命視為一種貫穿所有相互關聯事件的線索。任何事件的發生都離不開他的整體生命的背景，而且只有參照所有以往的事件才能得到理解。兒童只有理解了這一點，他才能夠洞察他偏離正軌的原因。

在對有益的和無益的優越感追求的差異作進一步探討之前，這裡應該先探討一種似乎與我們的理論相矛盾的行為，也就是：懶惰。乍看起來，懶惰似乎與「所有兒童天生就有一種追求優越的心理」的觀點相矛盾。實際上，我們之所以責備懶惰的兒童，就是因為他們沒有表現出追求優越和富有雄心。不過，如果仔細考察這些懶惰兒童，我們就會知道普遍流行的觀點是錯誤的。原來懶惰的兒童正在享受懶惰的好處呀！懶惰的兒童無需背負別人對他的期望；他即使無所建樹，也會多多少少得到人們的原諒；他無需努力，總表現出一種無所謂和閒散的樣子。不過，他的懶惰卻使他成為人們關注的對象，最起碼他的父母得為他操心。想想看，有多少孩子為了引起別人注意而不惜代價？這樣我們就會明白，這些孩子為什麼想透過懶惰來達到引人注意的目的。

當然，心理學對於懶惰的解釋並不全面。許多兒童之所以懶惰，是為了緩解他們的處境，這樣他們就可以總是把目前的無能和無所成就歸咎於懶惰。人們很少指責他們能力不夠，相反地，孩子的家人通常會說：「如果他不懶惰，他什麼都能做好！」這等於是說，如果這孩子不懶惰，他**可以**做好所有的事，這會讓孩子感到很安心，尤其是對於缺乏自信的孩子來說。此外，這種說法還成了一種成功的替代品，這對孩子和成人都同樣如此。這個富有欺騙性的假設句法「如果我不懶惰，我什麼都能做好」，使得他們的失敗變得尚可忍受。一旦這個孩子真的取得了什麼成就，這些成就在他們心目中的意義就會被放大了。這種小小的成就與他之前的毫無成就形成鮮明對比，並因此受到人們的讚揚。而其他那些一直埋頭努力的孩子雖然取得了更大的成就，受到的讚揚反而更少。

可以看到，在懶惰的背後通常隱藏著一種未被揭示的「權謀」。懶惰的孩子就像走鋼索者，下面總是張著保護網，這樣他們即使掉下去，也不會受傷。人們對於懶惰者的批評總比其他的孩子要溫和得多，因而也不會強烈地傷害他們的自尊。說他們很懶惰要比說他們無能，對他們的傷害顯然小一點。簡而言之，懶惰是那些缺乏自信的人的一種屏障，同時也阻礙了孩子著手去解決他所面臨的問題。

我們只要考察一下當前的教育方法，就會發現這些方法恰好滿足了懶惰孩子的希望。人們越是責備一個懶惰的孩子，就越是正中他的下懷。因為人們要整日為他操心，喋喋不休的責罵轉移了人們對他的能力問題的關注，而這正是他所要的。懲罰對他也是一樣無效。一些教師相信懲罰可以使他改正，但他們總是徒勞無功。即使是最嚴厲的懲罰，也不能使一個懶惰的孩子變得勤快起來。

如果孩子真的發生了轉變，那也只是他處境改變了的結果。例如，這個孩子意外地獲得了一點成功，或者原來嚴厲的教師不再教他，新的教師比較溫和、能理解他、認真地與他談話，給了他新的勇氣，而不是削弱和打壓他已所剩無幾的信心。在這種情況下，孩子會突然變得勤快起來。我們經常會遇到一些孩子在入學頭幾年學業停滯不前，但換了一個新的學校後，卻異常地勤奮和努力，這是因為學校環境改變了。

有些孩子不是採用懶惰的方法，而是利用裝病來逃避學校的學業任務。另外有些孩子則在考試的時候表現得異常緊張，因為他們認為他們會因為緊張而受到某些照顧。同樣的心理還表現在愛哭的孩子身上：哭喊和精神緊張都是他們獲取特權的藉口。

還有一些由於某種缺陷而要求特殊照顧的兒童，也屬於上述這種心理類型，比方說口吃。接觸過很多兒童的人都會注意到，幾乎所有的兒童在開始說話的時候，都有些輕微的口吃。正如我們所知，兒童說話能力發展的快慢受到許多因素影響，其中首要的因素是兒童社會情感的發展程度。和那些社會意識較弱、不願與人接觸的兒童相比，社會意識較強、樂於與別人交往的兒童的說話能力發展得更快一些，也更容易。我們知道，在有些場合，孩子根本不用開口，說話是多餘的。例如，有些被過分保護和溺愛的兒童，往往在他有機會說出自己的願望之前，他們的家人就已經猜到並滿足了他們的要求（就像人們對待聾啞兒童那樣）。

如果有些孩子在四歲或五歲的時候還沒有學會說話，家長便會開始擔心孩子是否有聾啞病。不過，他們很快就會發現，孩子的聽覺沒問題，這自然就排除了聾啞病的可能。另一方面，人們會注意到這些兒童確實生活在一個「說話是多餘」的環境中。如果我們把一切都放在「銀盤子」裡，給這些孩子奉上，那麼他們顯然不會感到開口說話的迫切需要，自然也就很遲才學會說話。孩子的語言體現了他們對優越感的追求和他們的發展方向。因此，兒童需要用語言來表達自己對優越感的追求，不管他是以開口說話來愉悅父母，還是設法滿足自己的日常需求。如果這兩種方式都不可能做到，那麼，我們自然就會想到孩子語言能力的發展是否出現了困難。

我們還會遇到一些有其他語言障礙的兒童，例如，他們不能正確地發r、k和s等輔音。所有這些語言障礙都是可以矯治的。值得思考的是，有許多成年人口吃、咬舌，或者咬字含糊不清。

絕大多數兒童隨著年齡增大，口吃會逐漸消失，只有一小部分孩子需要接受治療。治療過程的困難，我們可以從一個十三歲男孩的案例中得到說明。男孩在八歲的時候開始接受治療，治療持續了一年，但並不成功。在接下來的一年裡，這個男孩沒有接受專業治療。後來又請了一名醫生，不過，經過一年的治療仍沒有根除這個男孩的口吃。第四年沒有進行治療。第五年的前兩個月，又有一個語言教育專家來對男孩進行治療，不過，情況不但沒有好轉，反而更糟。一段時間以後，這個男孩又被送到專門的機構去治療。兩個月後治療先是頗有成效，但六個月後，口吃又復發了。

這個男孩後來又在另一個語言教育專家那裡接受了八個月的治療，情況不僅沒有好轉，反而逐漸加重。後來又請了一名醫生，同樣沒有效果。雖然在接下來的夏天裡，情況有所好轉，不過，假期結束，他又恢復到老樣子。

治療的主要方法是要求小男孩高聲朗讀，慢慢說話，做一些練習，等等。其中明顯的是，一定程度的激動會使得口吃暫時好轉，不過，很快就會復發。這個男孩沒有什麼器官缺陷，儘管他小時候曾經從二樓摔下來過，得過腦震盪。

曾教過這個男孩一年時間的教師形容這個孩子「教養良好，勤奮，容易臉紅，有點神經質」。據這個教師說，小男孩學習法語和地理有困難。考試的時候，小男孩會特別緊張。教師還說，他十分喜歡體操和體育競賽，並對技術性的活動有興趣。小男孩絕無領導者的特質，但能與同學友好相處，不過，有時會與弟弟吵架。他是個左撇子，十二歲的時候，他的右臉發生過中風。

至於男孩的家庭環境，我們發現他的爸爸是個商人，極易發怒，每當小男孩口吃，他就嚴厲斥責他。儘管如此，小男孩更怕他的媽媽。他有個家庭教師，因此很少有自由時間，這很令他苦惱和鬱悶。而且，他還認為自己的媽媽不公平，因為她偏愛他弟弟。

基於這些事實，我們可以提出這樣的解釋：當男孩需要跟別人有社會接觸時，他就容易臉紅，這是因為他的緊張感開始增加。似乎他的臉紅和他的口吃習慣密切相關。即使是他喜歡的教師也不能使他擺脫口吃，因為他的口吃習慣已經在他的大腦中機械化了，同時也表示他就是不喜歡與人接觸。

正如我們所知，口吃的根源不在於外在環境，而在於他感知外在環境的方式。他的神經質在心理學上意義重大。口吃並不表示他是消極被動的。他對於優越和認同的追求體現在他的神經質當中。個性脆弱的人通常也是這樣。他的灰心和氣餒還體現在他只能和弟弟爭吵。他考試前的激動顯示了他內心緊張的增加，他擔心自己不能成功，也擔心自己天分不如別人。他有著強烈的自卑感，對優越感的追求走上了一種對社會和自己無益的方向。

這個男孩倒是願意上學，因為家裡的環境更令他不開心——在家裡，他的弟弟處於關注的中心。他的身體受傷或受到驚嚇的經歷不太可能是他口吃的原因，不過，也可能會是他喪失勇氣的一部分原因。他的弟弟對他影響很大，因為他的弟弟將他擠到家庭的邊緣。

另一件有意義的事情是，這個男孩到八歲時還在尿床。尿床症狀通常發生在先是被溺愛和寵愛、後來又被剝奪「王冠」的孩子身上。尿床是一個信號，表示他甚至在夜間也在爭奪母親的關注，表示男孩無法接受被冷落的境遇。

這個男孩的口吃是可以治好的，只要我們鼓勵他，教育他獨立。我們還可以讓他做一些他能夠完成的任務，使他能在這些任務的完成當中建立自信心。這個男孩承認，弟弟的出生令他不快。不過，我們必須讓他明白，他的嫉妒使他走上了錯誤的方向。

對於伴隨口吃而來的症狀，還有許多有待說明。我們想知道，當口吃者激動的時候，情況又會怎樣？很多口吃者在發怒罵人的時候，就完全不會口吃。年長一點的口吃者在背誦和戀愛的時候，通常也不會口吃。這個事實讓我們了解，口吃者與他人的關係是他口吃的關鍵因素。也就是，當口吃者必須與別人接觸，建立關係，或者他必須藉由語言來表達的時候，他的緊張就會增加。

如果一個小孩在學習說話的時候沒有任何困難，那麼就沒有人會對他們的進步予以特別關注；而如果他在這方面有問題，他就會成為家裡談論的中心，口吃者就會成為關注的焦點。家庭會特別為這個孩子操心，因此，這自然也引起孩子太過關注自己的說話。他會有意識地控制自己的表達，而一般正常說話的兒童則不會這樣做。我們知道，有意識地控制自動運作的功能會引起功能的混亂。梅林克（Gustav Meyrink）的童話故事〈癩蛤蟆的飛行〉（The Flight of the Toad）就是這方面的經典例子。癩蛤蟆遇到一隻長有千足的動物，並馬上開始讚美這個千足動物是多麼的厲害。「你能不能告訴我，」癩蛤蟆問：「你行走的時候是先動哪隻腳，又如何移動其他的九百九十九隻腳呢？」千足動物開始思考，並觀察自己腳的運動，想弄清楚自己是如何依次跨出牠的腳，但牠被弄糊塗了，以致於連一隻腳也跨不出去。

雖然有意識地去控制我們的人生道路是很重要的，不過，試圖去控制我們的每一個行動卻是有害無益。我們只有任憑身體自由揮灑，才能創造出藝術作品。

儘管孩子的口吃習慣對於他們的未來有著災難性的影響，儘管家庭對於口吃兒童的同情和特別關注不利於其成長，不過，還是有許多人寧願遮掩、託詞、找藉口，也不願努力改善現狀。父母和孩子都有這種情況，因為他們對於未來都不抱絲毫信心。孩子特別滿足於依賴別人，並藉由明顯的劣勢來保持他的優勢。

巴爾札克的一個故事便說明了明顯的劣勢經常會變成優勢。故事中的兩個商人正在談判。於是，在互相討價還價的時候，其中一個商人開始口吃，說話結結巴巴。他的對手驚奇地發現，對方想透過口吃來爭取到更多的思考時間。他馬上就找到了對策：他突然裝作耳聾，似乎什麼都聽不見。由於口吃者不得不努力讓對方聽個清楚，因而便處於了劣勢。這樣雙方就扯平了。

我們不應該像對待罪犯那樣對待口吃者，儘管他們有時利用這種口吃習慣來爭取時間，或讓人等他們把話說完。對於口吃的孩童，我們還是要鼓勵他們，友善地對待他們。只有透過啟發和增強他們的勇氣，才能成功地治好他們。

第五講 自卑情結

The Inferiority Complex

5

在我們每個人身上，自卑感和追求優越是密切相關的。我們之所以追求優越，是因為我們感到自卑，因而透過努力追求成就來克服這種自卑感。只有當自卑感阻礙了這種對於成就的追求，或者由於器官缺陷使得自卑感增強到令人難以承受的程度時，它才會是個心理問題。這時我們就會形成自卑情結（inferiority complex）。自卑情結是一種過度、過分的自卑感，它必然促使人去尋求可以輕易獲得的補償和富有欺騙性的滿足。同時，這種自卑情結誇大困難，消解自己的勇氣，從而堵死了通往成功的道路。

這裡我們再引用患有口吃的十三歲男孩的例子。正如我們所知，這個男孩的灰心喪志部分地造成了他持續的口吃，而他的口吃反過來又強化了他的灰心喪志。這就造成了通常所說的神經性的（neurotic）自卑情結的惡性循環。男孩想把自己藏起來，不想與人交往，他已經放棄了希望；他甚至想到過自殺。他的口吃是他的生活模式的表達和延續，也是他給周圍人的印象，並藉以使他成為關注的中心，從而緩解他內心的困頓。

這個男孩的人生目標太過高遠，總是希望自己成為一名舉足輕重的人物。他總是追求認同和名聲，因此他必須表現得友好和善，能與人好好相處，並把自己的事情做得有條不紊。此外，為了防備萬一失敗，他還需要一個藉口，而口吃就是他的藉口。這個案例之所以富有啟發性，是因為這個男孩人生的絕大部分是對自己有益的，只是在某個階段，他的判斷力和勇氣遭到了毀壞。

當然，口吃只是這些喪失勇氣的孩子所採用的眾多手段之一，因為他們並不相信可以靠自己的天賦和努力來取得成功。這些喪失勇氣的孩子所採用的手段，類似於大自然賦予動物界用來保護自己的利爪和銳角等等。不難看出，這些手段來自於這些孩子的脆弱和絕望。這些孩子認為，沒有這些外在的手段，他們就無法應付生活。有些孩子採取的唯一手段就是無法控制自己的大小便。這表示，這些孩子不想告別他們的嬰兒時期，不想告別那種無憂無慮、不用操心的日子。這些無法控制大小便的孩子中，只有很少人確實有大腸和膀胱的毛病。他們使用這些伎倆是為了博取家長和教師的同情，儘管有時也會遭到同伴的嘲笑。因此，孩子諸如此類的行為不應被視為某種疾病，而是他們自卑情結的自然流露，或者是他們追求優越感的病態或危險的表現。

我們可以想像，小男孩的口吃如何從可能是很小的心理問題發展而來。他曾經很長一段時間是家裡的獨子，母親全心全意地為他操勞。當他逐漸長大時，他也許感到沒有受到家人足夠的關注，他表現的機會也漸漸減少，因此，他便想出了新的花招，以吸引家裡人的注意。於是，口吃便有了不尋常的意義。他注意到，因為口吃，與他說話的人便會觀察和注意他的口形。因此，他透過口吃便把原本可能屬於他弟弟的關注和時間爭奪過來了。

他在學校的情況也類似。因為口吃，老師便要花更多的時間在他身上。這樣，無論是在家裡或學校，他都因為口吃而獲得了一定的「優勢」。他像那些好學生一樣，受到別人的歡迎和喜愛，而這正是他所熱烈渴求的。毫無疑問，他是個好學生，不過，這個「好學生」並不是他透過勤奮努力獲得的。

另一方面，雖然他利用口吃獲得了教師的寬容，但這並不值得鼓勵。一旦這個男孩沒有獲得別人足夠的關注時，他就會遠比其他孩子更容易受到傷害。由於弟弟成為家庭的中心，他試圖保住自己曾經擁有的關注就會越來越困難。和其他的孩子不同的是，他從來沒有把自己的興趣轉移到別處。在家庭環境中，他的媽媽是他唯一最重要的人，他對其他人一概不感興趣。

對於這種孩子的治療，首先要鼓勵他們，使他們相信自己的能力，相信自己的力量，相信自己的天賦。對他們要抱持同情的態度，與他們建立一種友好關係，不要用嚴厲的態度威嚇他們。但這還不夠，我們要利用這種友好的關係來激發和鼓勵他們不斷進步。要做到這一點，我們就必須讓他們自立，用各種不同的方法使他們對自己的精神和身體的力量有信心，並使他們相信，他們完全可以透過勤奮、毅力、練習和勇氣，去獲得他們嚮往但至今尚未實現的一切。

在兒童教育中，一個最嚴重的錯誤就是，家長和教師對於一個偏離正軌的兒童作出惡毒的預言。這種預言無助於情況的改變，只會加重孩子的怯懦。我們應該鼓勵他們，正如古羅馬詩人維吉爾（Virgil）所說：「我能，是因為我信。」

千萬不要認為，我們能夠透過貶低或羞辱來改變孩子的行為，即使我們有時也會看到，有些孩子由於害怕被恥笑而似乎改變了行為。我們可以從下面這個案例，來看看這種做法是多麼的無效。一個小男孩因為不會游泳而遭到朋友不斷的嘲笑。終於，他忍無可忍，從跳板跳入深水之中。他不幸溺水，人們花了好大的力氣才把他救上來。情況往往是這樣，一個怯懦者在面臨失去尊嚴的危險時，他通常會為了克服怯懦，鋌而走險，但這通常是錯誤的做法。顯然，用這種方法來克服其怯懦是懦弱的，無益的。他真正的怯懦是：他害怕承認自己不會游泳，因為那可能會使他失去他的朋友。他不顧一切的一跳並沒有克服他的怯懦，而是加強了他不敢面對現實的怯懦心理。

怯懦是一種會破壞所有人際關係的性格特徵。一個怯懦的人不會考慮別人；他會不惜以他人為代價來贏得認同和名聲。怯懦會帶來一種個人主義的、好鬥的人生態度。它會徹底破壞社會情感，不過，卻不能消除他對於別人意見的恐懼。一個懦夫總是擔心被他人嘲笑、忽視或貶低。結果，他總是受制於別人的意見。他猶如生活在一個充滿敵意的國度裡，並形成了多疑、嫉妒和自私的性格特徵。

有這種性格的兒童，通常會變成挑剔、挑刺之人。他們不願意讚揚別人，當別人被讚揚時，他們則充滿憤恨。如果一個人並不尋求透過自己的成就而是透過貶低他人去超越他人，那麼，我們看到的是他的脆弱。一旦發現兒童有對他人抱持敵意的徵兆，那麼教育者不可逃避的任務就是把他們從這種敵意中解放出來。如果教育者沒看到這種徵兆也就罷了，但是，他將無從去矯正這種不利的性格特徵。不過，如果我們知道問題在於使兒童與環境、與生活達成和解，如果我們知道需要指出他們的錯誤，告訴他們錯誤在於他們期望不用努力就能贏得別人的尊重，那麼，我們也就清楚了兒童教育的方向。我們必須加強兒童們相互之間的友情，教育他們不要蔑視別人，即使別人做錯了事，獲得較低的學業分數。否則，孩子就容易出現自卑情結，喪失生活的勇氣。

一個被剝奪了對未來信心的孩子就會從現實中退縮，就會在生活中無益和無用的方面追求一種補償。教育者最重要的任務，或者說是神聖的職責，就是確保每個學生不會喪失勇氣，並使那些喪失了勇氣的學生透過教育重新獲得信心。這就是教師的天職，因為只有兒童對未來充滿希望、充滿勇氣，教育才可能成功。

有一種喪失信心是暫時性的，特別是那些雄心過大的兒童一般都曾有過暫時喪失信心的情形。雖然他們取得了一定的進步，不過有時還是會喪失信心，例如當他們已通過最後一次考試，馬上就要選擇職業了。而且，如果他們的考試分數不是最好，他們會在一段時間內放棄努力和奮鬥。於是，他們以前未曾意識到但醞釀已久的雄心與現實之間的衝突突然爆發了。這時，他們會完全不知所措，或焦慮不安。此後，如果他們沒有及時認識到並消除這種氣餒，他們就會流於喜新厭舊，有始無終，並經常轉換職業，因為他們總認為自己沒有能力有始有終，總是擔心失敗挫折。

兒童對自己的評價也非常重要。如果只是透過簡單的詢問，我們不可能了解兒童對自己的真實評價。無論問題多麼巧妙，我們只會得到不確定和模糊的回答。一些兒童過於看重自己，另一些則認為自己一文不值。對於後者稍加考察就會發現，這些孩子身邊的成人曾經千百次地重複「你將一事無成！」或「你真笨！」之類的話。

聽到這種否定性的責備，兒童很少不被深深刺傷。不過，也有些兒童會藉由貶低自己的天賦和能力來自我保護。

既然我們不能透過詢問來了解兒童如何自我評價，那麼我們只可能透過他們面對問題和解決問題的方式來觀察他們的自我評價，例如，他們對於問題是自信果敢，還是猶豫退縮。後者是缺乏信心和勇氣最為常見的跡象。我們可以用一個兒童的案例來說明這一點。這個孩子面對問題時，先是勇氣十足，不過，當他越接近問題時，就越縮手縮腳，甚至裹足不前，與問題保持一定的距離。這樣的兒童有時被認為是懶惰，有時則被認為心不在焉。這兩種描述雖然不同，其結果是一樣的。他們不像正常人那樣去面對和解決問題，而只是永無止盡地苦惱於他的困難和障礙。有時候，有些兒童會矇騙大人，使他們錯以為這些兒童缺乏能力和天賦。如果我們了解事情的原委，並用個體心理學的基本原則來加以說明，那麼我們就會發現，這些兒童的問題是缺乏自信、勇氣，而不是缺乏我們先前所認為的能力。

當我們探討這些錯誤的優越感追求時，我們要記住，一個完全自我中心的個體是社會生活中的畸形人。我們經常會看到，有些過於追求優越感的兒童從來不顧別人。他們敵視別人、反社會、貪婪、自私自利。如果他們發現了一個祕密，他們就會利用它來傷害別人。

但即使在那些行為最令人受不了的兒童身上，我們也總能發現一種明顯的人性特徵：他們有時也會有一種對人們的歸屬感。這些孩子的生活規劃越是遠離人與人的共同合作，我們就越難發現他們的社會情感，但是，自我與世界的關係總是存在的，總是會隱含在或表現為某種形式。我們應該找出可揭示其自卑感的表現形式。自卑感有無數種表現形式；孩子的眼神就是其中之一。眼睛並不單純接受和傳遞光線，它也是社會交流和理解的器官。一個人打量他人的方式就透露出他與人交往的傾向和程度。因此，所有的心理學家和作家都非常重視一個人的眼神。我們所有人都可以根據別人打量我們的方式來判斷他對我們的看法；我們也可以從他的眼神中看到他靈魂的一部分。儘管我們也可能判斷或理解錯誤，不過，我們通常能夠從兒童的眼神來判斷他是否友善。

眾所周知，那些不敢正視大人的兒童都心存疑慮。這並不意味著他們都存心不良，也不代表他們有不良的性習慣。他們迴避的眼神只不過是表達他們不願與別人發生即使是短暫的緊密聯繫，表明他們想從伙伴中退縮出來。如果你召喚一個小孩，他靠近你的距離也是類似眼神迴避的一種信號。許多孩子會保持一定的距離，他們想先確定一下情況如何，然後在必要的時候才接近你。他們對緊密關係抱持疑慮，這也許是因為他對此有負面的經驗，他把自己片面的認識普遍化，以偏概全，並濫用這種認識。同樣有趣的是，我們會發現有些小孩喜歡依靠在母親或教師的身上。孩子所樂於親近的人，比起他所宣稱最愛的人，要更為重要。

有些孩子走路時抬頭挺胸，而且聲音堅定，無所畏懼，這都流露出他們顯著的自信和勇氣。而有些孩子則在別人與他說話時退縮屈從，明顯地表現出一種自卑感和不能應付處境的膽怯。

在探討自卑情結時，經常有一種觀點，即自卑情結是天生的。其實，每個小孩不管他多麼勇敢，我們都有辦法讓他喪失勇氣，膽小怯懦，這也反駁了上述所謂自卑是與生俱來的觀點。父母膽小怯懦，他們的孩子也可能膽小怯懦。不過，這並不是因為遺傳，而是因為他在充滿怯懦的環境中長大。家庭環境和父母的性格特徵對於孩子的成長與發展極為重要。那些在學校裡落落寡歡的學生經常來自那種與人交往甚少或沒有交往的家庭。人們當然首先會想到性格的遺傳，不過，這種觀點站不住腳。一個人不能與別人建立交往關係，並不是由大腦或者器官的物質變化所造成的。當然這方面的變化雖不必然產生這種性格特徵，但有助於對它的理解。

一個最簡單的案例可以幫助我們至少在理論上理解這種事情。一個小男孩生來就有器官缺陷，曾一度身染疾病，並受著病痛和身體虛弱的折磨。這種小孩沉溺於自我之中，認為周圍世界是冷漠和充滿敵意的。此外，一個虛弱的孩子必須依賴別人來減輕自己的生活負擔，靠別人來全心全意地照顧他。正是由於別人對他的照顧和保護，才使他產生了強烈的自卑感。所有的兒童由於他們和成人在體型和力量上的差異會產生一種相對的自卑感。如果兒童經常聽到（事實經常如此）大人這麼說：「小孩子在旁邊乖乖聽就好，別出聲。」那麼，他這種相對於成人的自卑感很容易受到強化。

所有這些印象都促使兒童認為，他的確是處於一種弱勢地位。他發現自己比他人（成人）身材矮小又力量微弱，自然感到很不平衡。他越是強烈地感到自己既小又弱，他就會越努力想要多於別人，強過別人。因此他追求別人的認同又多了一份額外的動力。不過，他並沒有努力與周圍的人和諧相處，卻為自己訂下了一個處事原則：「只為自己著想」。落落寡歡的孩子就屬於這一類。

因此，我們可以在一定程度上認為，大多數體弱、殘疾和醜陋的兒童都有一種強烈的自卑感，這種自卑感通常表現於兩種極端的行為方式之中。他們說話時，要麼退縮膽怯，要麼咄咄逼人。這兩種表現表面上互不關聯，實際上卻同出一源。他們或是說話太多，或是太少，但都是為了追求他人的認同。他們的社會情感很弱，這或許是因為他們對生活不抱希望，認為自己實際上也沒有能力為社會做出貢獻，或是因為他們把自己的社會情感只用於達成個人的目的。他們希望成為領導者、英雄，永遠受人矚目。

如果一個兒童多年來自己沿著一個錯誤的方向發展，那麼，我們就不可能期望，僅僅透過一次談話就能改變他的模式。教育者要有耐心。如果一個兒童努力要獲得進步，但又一時停滯不前，這時就需要跟他好好解釋，進步並不是一蹴可幾的。這樣的解釋可以讓他安心，不至於失去信心。如果一個兒童兩年來數學成績一直很糟糕，那麼他不可能在兩週之內就追上同學。但是他有機會彌補這個差距，這是肯定的。一個正常、有勇氣的兒童能夠彌補一切。我們一再指出，兒童的能力欠缺是因為他的整體人格走上了錯誤的發展方向，因為他的整體人格偏離了常態，有欠缺，陷入了困難的境地。總是有方法可以幫助這些有行為問題的兒童，只要他們不是弱智（feeble-minded）。

兒童的能力欠缺，或表面上的愚蠢、笨拙、冷漠，並不是他弱智的充分證據。我們可以發現，弱智兒童的大腦不正常總是伴隨身體上的缺陷。因為影響大腦發展的腺體造成了身體上的缺陷。有時，這些身體上的缺陷會隨著時間而消失，不過，當初身體上的缺陷仍會在心理上留下陰影。換句話說，曾受到身體缺陷之苦的兒童，即使在他們體質強壯以後，仍可能表現出軟弱。

我們甚至可以再深入一步。心理上的自卑感和自我中心不僅可以追溯到器官缺陷和身體缺陷，還可能是與這些缺陷完全無關的環境造成的。例如，家長讓孩子營養不良，或缺乏慈愛，或管教太嚴。在這種情況下孩子會認為，生活無異於一場苦難，因此便對周圍環境採取一種敵對的態度。由此產生的心理缺陷和由於身體缺陷引起的心理缺陷，即使不是完全相同，至少也是相似的。

可以想見，要治療這些在無愛環境中成長的兒童，將會困難重重。他們會以看待那些曾傷害過他的人的方式來看待我們；敦促他們上學會被視為對他們的壓迫。他們總是感覺到被束縛。只要能力所及，他們就會反抗。他們對於自己的同伴也沒有正確、恰當的態度，因為他們嫉妒那些擁有幸福童年的孩子。

這些心懷怨恨的兒童，通常會有一種破壞和毒害別人生活的性格特徵。他們缺乏克服環境的勇氣，因此，他們會用欺負弱小，或者刻意對別人友善來獲得一點優越感，藉由這些方式來補償其無力感。但是刻意做出來的友情，只有在別人願意接受他們控制時才能持續。這樣的孩子可能只和那些處境比較差的孩子交往，正如有些成年人只和遭遇不幸的人交往一樣；或者，他們偏愛和那些年幼的、比他們窮的孩子交往。這種類型的男孩有時還樂於與那些非常溫柔、順從的女孩子交往，但不是因為異性的吸引力。

第六講 兒童的成長：防止自卑情結

The Development of the Child: Preventing the Inferiority Complex

6

如果一個兒童花了很長的時間來學習走路，只要他一旦學會了正常行走，那麼，他就不至於形成影響他後來生活的自卑情結。不過，我們知道，一個心理發展本來很正常的兒童總是會受到行動不便的強烈影響。他認為自己處境不幸，甚至可能形成悲觀的人生態度，並進而影響他將來的行動，即使隨著時間的流逝，他身體功能的先前缺陷早已消失。許多得過佝僂病（rickets）的兒童，即使在痊癒之後，我們仍會看到這個疾病留下的痕跡：變形的腿、行動笨拙、支氣管炎、頭部畸形、脊骨彎曲、膝蓋腫大、關節無力、體態不良，等等。這些兒童在患病期間形成的失敗感和由這種失敗感而產生的悲觀態度，即使在病癒之後，仍可能繼續保持下來。看到其他同伴在行動中表現出來的輕鬆和熟練，這些兒童會感到一種壓抑的自卑感。他們低估自己，要麼對自己完全喪失信心，很少努力以求進步；要麼不顧身體上的缺陷，絕望地追趕那些比他們更幸運的同伴。顯然，他們沒有足夠的智慧來正確判斷自己的處境。

兒童的發展既不是天賦決定的，也不是客觀環境決定的；兒童自己對於外在現實以及他與外在現實的關係的看法，才決定了兒童的發展。這是一個重要的事實。兒童與生俱來的潛力並不是最重要的，同樣地，我們從成人的角度對兒童的評價和看法也不重要。重要的是，我們要以兒童的視角來看待他的處境，以他的錯誤判斷來理解他們。我們不要期望兒童的行為不會出錯，不要期望他們會按照成人健康的理智而行動，而是要了解，兒童在理解自身的處境時會犯錯。的確，我們應該記住，如果兒童不犯錯，兒童教育不僅不可能，也不必要。如果兒童的錯誤是天生註定的話，那麼我們也不可能教育他，或改善他。如果我們相信兒童的性格是天生的，我們就不能夠、也不應該做教育兒童的工作。

「健康的心理寓於健康的身體」，這句話並不正確。健康的心理也完全可以寓於有缺陷的身體之中，只要這個兒童能夠克服身體的缺陷，勇敢面對生活。另一方面，健康的身體也可能擁有不健康的心理，如果這個兒童遭遇了一連串不幸事件，並因此對自己的能力產生了錯誤理解——任何一個挫敗，都會促使他認為自己無能。這是因為他對困難特別敏感，並且把任何障礙都視為他缺乏力量和毅力的證明。

有些兒童除了運動障礙外，還有語言障礙。兒童學習說話和走路經常是同時進行的，不過，說話能力和行走能力之間毫無關聯；它們是取決於兒童的教育和家庭環境。有些兒童本來不應該出現說話困難，可是，由於家庭忽視了幫助他們，他們便出現了說話障礙。毫無疑問，那些既不耳聾、說話器官也沒有缺陷的兒童，到一定的年齡就能學會說話。可是，在有些情況下，特別是在視覺極為發達的情況下，兒童說話會延遲。在其他情況下，例如父母過分寵愛孩子，總是在孩子開口之前就代替他們說出一切，這樣也會阻礙孩子表達自我的嘗試。這樣的孩子需要很長的時間才學會說話，我們曾經還以為他們耳聾。這種孩子一旦學會說話，他們就樂於說話，並經常會成為能言善辯者，甚至演說家。作曲家舒曼的鋼琴家妻子克拉拉・舒曼（Klara Schumann），直到四歲還不會說話，到八歲時，也只能說極少量的話。她是一個古怪、特別內向的孩子，喜歡待在廚房裡消磨時光。我們可以推斷出，沒有人關注她。她的父親認為：「奇怪的是，如此明顯的精神上的不協調，卻是她那異常和諧的一生的開始。」克拉拉・舒曼的情況就是一個過度補償的例子。

需要注意的是，聾啞兒童應該獲得特別的訓練和教育，因為事實越來越證明，完全耳聾的例子並不多。不管他的聽覺存在多大的缺陷，他都應該得到最大可能的治療和促進。羅斯托克（Rostock）的大衛・卡茨（David Katz）教授就曾證明，他如何成功地把那些被認為是缺乏音樂聽覺的人，引向了能夠全面欣賞音樂和聲音之美。

有些孩子的絕大多數功課都很好，但是在某一科目上（通常是數學），遇到大挫折。這甚至令人懷疑他們有輕微的弱智。那些算術不好的兒童很可能曾經被某一主題唬住了，便不再在這方面下工夫，從而失去了信心。有些家庭，特別是少數藝術家家庭，常常以不懂算術為榮。另外，還有一種普遍的錯誤觀點，即男孩比女孩更擅長數學。我們會發現，婦女中也有很多優秀的數學家和統計學專家。女學生們經常聽到「男孩比女孩更精於計算」，她們自然就會對算術和數學喪失信心。

一個孩子是否能運用數字，是心理學上的一個重要指標，因為數學是少數幾個能給人安全感的學科之一。數學是一種把我們周圍混亂的世界用數字穩定下來的思想操作。具有強烈不安全感的人通常都拙於計算。

其他的學科也是這樣。寫作就是把只有內在意識才能知道的聲音話語固定在紙上，從而給予寫作者一種安全感。畫家就是用線條和色彩把流逝的視覺印象保留下來。體操和舞蹈表示達到了一種身體安全感，而且由於這種對身體有把握的控制，也多少給精神帶來了一種安全感。也許這就是許多教育者熱心於體操和運動的原因吧。

兒童在學習游泳方面有困難，這是自卑感的一個明顯表現。如果一個兒童輕鬆地學會了游泳，那麼，這也是他克服其他困難的一個好預兆。相反地，一個學習游泳有困難的兒童會表現出對自己和他的游泳教師喪失信心。值得注意的是，許多先前學習游泳有困難的兒童，最後卻成為一名游泳健將。這可能是因為這些兒童對當初的困難過於在意，耿耿於懷，一旦學會了游泳，便受此激勵，追求游泳方面的完美目標，於是常常會成為游泳高手。

了解兒童是只對一個人親密還是能和多個人都能保持緊密關係，這很重要。孩子通常和他母親的關係最親密，否則，他會和家庭中的另一個成員建立這種連繫。這種能力每個兒童都有，除非他是弱智或白癡。如果一個兒童由他母親養育長大，卻依戀家裡的另一個成員，那麼，尋找其中的原因就很重要。顯然，任何兒童都不應該把自己的全部興趣和注意力投向母親一個人，因為母親最重要的任務就是把兒童的興趣和信任擴展到他的同伴那邊。祖父母在兒童的成長中也扮演著重要的作用。他們常常會溺愛兒童，因為老人通常都擔心自己不再有用，便產生過於強烈的自卑感，要麼過於吹毛求疵，要麼心軟和善。他們為了使自己在兒童眼裡重要，從不拒絕他們的任何要求。那些經常在祖父母家中受到溺愛的兒童便不再想回家，因為家裡的紀律和約束更多。回家之後，這些孩子會抱怨家裡不如祖父母家舒服。我們這裡提到祖父母在兒童成長中的作用，是為了提醒那些研究某一特定兒童的人生風格的教育者，不要忽視這個重要事實。

兒童由佝僂病引起的行動笨拙（參見附錄一「個體心理問卷」問題二）經過長時間沒有得到改善，通常可以追溯到他受到太多照顧並被寵壞這一事實。母親們要有足夠的教育智慧，不要扼殺了孩子的獨立性。即使孩子生病，需要特殊照顧，也應如此。

孩子是否製造了太多的麻煩（附錄一的「個體心理問卷」問題三），也是一個重要問題。如果情況確實如此，我們可以肯定母親太過溺愛孩子了。她沒有培養孩子的獨立性。孩子製造麻煩通常表現在睡覺、起床、吃飯或洗澡，甚至表現在噩夢和尿床。孩子所有這些表現都是為了試圖贏得某個人的關注。他接二連三地製造麻煩，似乎在不斷尋找控制大人的武器。如果兒童表現出這些特徵，那麼我們可以肯定地說，這個孩子的環境有問題。在這種情況下，懲罰是沒有用的；兒童甚至還會去刺激父母懲罰他們，並透過這種方式讓父母明白，懲罰完全沒用。

兒童的智力發展也是一個特別重要的問題。要正確地回答這個問題目前仍有難度。有時人們用比奈－西蒙（Binet–Simon）量表來測試智力，不過，其結果並不可靠。其他的智力測驗也是如此，因為，兒童的智力不可能終身不變。一般來說，兒童的智力發展主要取決於家庭環境。那些環境較好的家庭能夠給孩子提供幫助，身體發育較好的孩子通常也能獲得相對較好的心智發展。不幸的是，心智發展較為順利的兒童，往往會被預定從事腦力勞動或較好的職業；而那些心智發展較慢的兒童，則去做體力勞動或較差的職業。我們注意到，有些國家為那些學習較差的兒童開設特殊的班級，這些學生絕大多數來自貧困家庭。由此，我們可以得出結論，如果這些出身於不利環境的貧困兒童有幸出生在物質環境較好的家庭，那麼，他們也完全能夠獲得相應的好成績。

另一個需要加以探討的問題就是兒童是否成為被取笑的對象，是否因為被取笑而灰心喪氣。有些孩子能夠忍受別人的嘲笑；有些孩子可能因此喪失勇氣，想逃避困難，並把自己的注意力投入到外在的表面形象，這也表明他們對自己沒有信心。如果一個兒童不斷地與人爭吵和爭鬥，總是擔心如果自己不主動進攻的話，就會受到他人率先攻擊，那麼我們就可以推斷他對於環境充滿敵意。這種兒童缺乏順從，並把順從視為卑下的標誌。按照他的理解，對別人的問候予以禮貌的回應也是屈辱的行為，因此要傲慢地回應；他從不發牢騷，因為他把別人的同情視為一種羞辱。他從不在別人面前哭泣，甚至在應該哭泣的時候大笑，讓人覺得他缺乏感情；其實，這只是一種害怕示弱的表現。實際上，沒有一個殘酷的行為，其骨子裡不是隱藏著軟弱。真正強大的人，不會做殘酷的事。這種不順從的孩子經常髒兮兮的，不修邊幅；他們咬指甲、挖鼻孔、十分頑固。其實，他們需要鼓勵，也應該讓他們明白，他們的行為充其量只表示他們害怕顯露出軟弱的一面。

我們的第四個問題是，孩子是否容易與人相處，或是不擅長與人交往；他是一個領導者還是追隨者。這個問題和孩子與人交往的能力有關，也就是與他社會情感的發展程度或有沒有信心有關，更與他是想要順從還是想控制他人有關。如果一個孩子把自己封閉起來，這就表示他對於自己與別人競爭沒有足夠的信心，表示他對於優越感的追求過於強烈，以至於擔心他在團體中只能聽別人的。有蒐集物品傾向的孩子通常想增強自己，超越別人。有這種傾向的孩子比較危險，因為他們容易走得太遠，容易野心膨脹、貪心無比，而這又體現了一種內在的軟弱，從而希望尋找外在的支持。一旦這種兒童認為自己被忽視，他們就容易偷竊，因為他們對缺乏關注比一般兒童感覺更為強烈。

問題五涉及兒童對學校的態度。我們應該注意他們上學是否磨蹭拖拉，對上學是否情緒激動（這樣的激動經常是拒絕上學的標誌）。在不同的情況下，兒童對於學校的恐懼有多種表現形式。一旦有家庭作業需要完成，他們就會神經激動、緊張，還會因此心悸。有些兒童甚至還會表現出器官變化，例如性興奮。給學生打分數的做法並不總是值得提倡，如果兒童不會因為分數高低而被分類，他們將不會有那麼大的壓力。學校裡不斷的考試促使學生努力獲得好的分數，因為差的分數就像終身的判決。

孩子是願意做家庭作業，還是被迫去做？忘記做家庭作業表明他有逃避任務和責任的傾向。家庭作業做不好和做作業的時候不耐煩，都是兒童用來逃避上學的手段，因為他們更願意去做別的事情。

孩子是否懶惰？如果一個孩子在學校沒有完成任務，那麼他更願意被視為懶惰，而不是無能或缺乏天賦。一個懶惰的孩子一旦做好某件事情，他就會得到讚揚，並且聽到「他如果不是懶惰，就能做好許多事情」。這個小孩會對這種說法感到滿足，因為他認為他不再需要證明自己的天賦或能力。還有那些缺乏勇氣、精神不振、不能集中心力和總是依賴別人、不獨立的孩子，也屬於這種類型；被寵壞的孩子還會擾亂課堂教學，以吸引別人關注。

孩子對老師是什麼態度？這是一個不容易回答的問題。通常，孩子們會隱藏他們對老師的真實感情。如果一個孩子總是批評他的同學，並試圖貶低他們，那麼我們可以認為，這種貶低他人的傾向就是一種缺乏自信的表現。這種兒童盛氣凌人，吹毛求疵，總以為比別人知道得更多。其實，他們是用這種方式來掩蓋自己的軟弱。

最難應付的是那些滿不在乎、冷漠和消極被動的孩子。他們戴著一副假面具，實際上他們很在乎，也不是那麼漠不關心。這種孩子一旦失去自我控制，常常會勃然大怒，暴跳如雷，甚至會試圖自殺。除非被命令去做事，否則他們什麼都不做。他們害怕失敗，並高估他人。他們缺乏勇氣，很需要鼓勵。

我們會看到，那些想在體操或運動方面大顯身手的孩子，也想在其他領域一展風采，只是他們擔心失敗罷了。那些閱讀遠遠多於正常兒童的孩子，通常也缺乏勇氣，他們只希望透過閱讀來增加力量。這樣的兒童雖然有豐富的想像力，但是一面對現實就恐懼不已。觀察孩子偏愛什麼類型的書籍也非常重要，例如，他們是喜歡小說、童話、傳記、遊記，還是客觀的科學作品。處於青春期的兒童很容易被色情圖書吸引，不幸的是，在每個大城市都有這樣的作品出售。逐漸增強的性衝動和對於性經驗的渴望，會把孩子的注意力引向這一方面。為了平衡這種有害的影響，可以採取以下方法：培養孩子與他人好好相處的能力、及早進行性教育、維持良好的親子關係。

問題六牽涉到家庭狀況，即家庭成員是否患有疾病，例如酒精中毒、精神病、結核病、梅毒、癲癇病。詳細了解兒童的疾病和缺陷等身體發展狀況也非常重要。用嘴巴呼吸的兒童都有一副傻樣，這是由於增殖腺（adenoids）和扁桃腺腫大影響了正常呼吸所引起的。在這種情況下，做切除手術是很重要的，這會使他相信，手術可以幫助他獲得勇氣，回到學校。

家庭疾病常常會妨礙孩子的成長與進步。得了慢性病的父母會給孩子造成嚴重的負擔。精神和心理疾病會給整個家庭帶來壓抑的氣氛。如果可能，應該盡量不要讓孩子知道家裡人患有精神疾病。心理疾病會給整個家庭蒙上一層陰影，因為人們迷信，這種病會遺傳。其他的疾病如結核病和癌症也是如此。所有這些疾病都會對兒童的精神和心理產生可怕的影響，有時候讓小孩暫時離開這樣的家庭環境，對他們來說更好。家庭中的慢性酒精中毒和犯罪的傾向就像毒素一樣，孩子很難抗拒。然而，即使把孩子從這些有害的家庭影響中解放出來，卻通常很難找到合適的安置場所。癲癇病患者經常容易激動，從而破壞了家庭的和諧。所有疾病中危害最大的就是梅毒。父母患有梅毒的孩子通常身體非常虛弱，也很容易感染梅毒，造成生活上的巨大困難。

我們不能忽視的事實是，家庭的物質生活條件會影響兒童對生活和未來的想法。相對於家庭物質條件較好的兒童，出身貧困的兒童會有一種匱乏不足之感。小康之家的孩子一旦家庭陷入困頓、沒有了昔日他所習慣的舒適，往往難以應付生活。如果祖父母的家庭物質條件優於父母，會給孩子帶來更大的不安，就像彼特・根特（Peter Ghent）總是擺脫不掉這樣的困惑：他的祖父權勢顯赫，而他的父親卻一事無成。這種家庭的孩子通常都異常勤奮努力，這其實是對懶惰的父親的一種抗議。

當孩子第一次碰到死亡這件事，通常會很震驚，帶給他很大的衝擊。孩子毫無準備地突然面對他人的死亡，會使他開始認識到，生命也有終點。這種認識會令他們完全灰心喪氣，至少也會害怕。我們從很多醫生的傳記中發現，他們之所以從醫，是由於曾經驟然面對死亡，這也說明了，面對死亡會多麼深刻地影響孩子！因此，不應讓孩子背上這種負擔，因為他們還不能完全了解死亡。孤兒或繼子通常會把他們的不幸歸咎於父母的死亡。

了解一個家庭由誰做主，對於了解兒童也非常重要。家庭通常都由父親做主。如果一個家由母親或繼母做主，會對兒童的成長產生不正常的影響，父親通常也得不到孩子的尊敬。來自母親做主的家庭的男孩對於女人通常會有一種揮之不去的畏懼。這樣的男人可能會迴避女人，或是讓他們家裡的女人（包括妻子）苦惱不已。

我們還有必要了解對孩子的教育是過於嚴厲，還是過於溫和。個體心理學不主張用太嚴厲或太溫和的方法教育孩子。我們所要做的是理解孩子，使他們避免犯錯，不斷地鼓勵他們勇敢去面對和解決問題，並發展他們的社會情感。對孩子過於挑剔和嚴厲的父母，會給孩子造成傷害，使他們完全喪失勇氣。而過於溫和或溺愛的教育又會使孩子形成依賴心理和依附他人的傾向。因此，父母不能用玫瑰色的色彩美化現實，也不要用悲觀的態度來描摹世界。他們的職責是讓孩子盡可能充分地為生活做好準備，使他們將來能夠好好處理自己的生活。那些沒有被教育好面對和克服困難的孩子，以後會尋求逃避生活中所有的困難險阻，從而使自己的生活範圍越來越狹小。

我們還應該知道是誰在照顧孩子。這個人當然不一定是孩子的母親。即使不是母親自己親自照顧孩子，她們也應該熟悉這個管教孩子的人。教育孩子最好的方式就是讓他們透過經驗而學習，當然，這應該在合理的範圍之內。這樣一來，孩子的行為就不是受到他人強迫的限制，而是受到事實本身的邏輯的限制。

問題七涉及孩子在家庭中所處的位置。這種位置對於孩子的性格發展也是意義重大。獨生子女的地位往往很特殊；只有兄弟的獨生女和只有姊妹的獨生子的地位也都很特殊。

問題八涉及職業的選擇。這也特別重要，因為它會顯示環境對兒童的影響，顯示出兒童的勇氣和社會情感的發展程度及他們的生活節奏。

白日夢（問題九）和對童年的記憶（問題十）也很重要。能夠理解孩子童年記憶的人，經常能從中發掘出孩子整個的人生風格。夢境也會顯示出孩子的發展方向，顯示他們是嘗試解決問題，還是逃避問題。

我們還要知道孩子是否有說話障礙；他們是相貌醜陋還是相貌英俊，是身材優美還是身材欠佳（問題十三）。

問題十四：孩子是否會公開談論自己的情況？有些孩子吹牛張揚，以補償自己的自卑感；有些孩子則很少談論自己，因為他們擔心因此而被別人利用，或擔心一旦別人知道了自己的弱點，會給他們造成新的傷害。

問題十五：如果一個兒童在某個科目，比方說音樂或繪畫獲得了成功，我們就應該在此基礎上，鼓勵他們在其他科目也能進步。

如果孩子長到十五歲，還不知道自己想成為什麼樣的人或做什麼工作，那我們可以認為這個孩子完全喪失了信心，應該給予他們適當的幫助。此外，我們還應該關注孩子家庭成員的職業和兄弟姊妹的社會地位的差異。父母婚姻不幸福也會影響到孩子的整體發展。教師的責任就是謹慎行事，確實了解兒童及其世界，並利用問卷調查所了解的情況，來對他們進行矯正和改善。

第七講 社會情感與兒童成長的障礙

Social Feeling and the Obstacles to Its Development

7

和前面幾章所討論的追求優越感的案例相反，我們在許多兒童和成人身上也會發現一種讓自己和他人連結起來、與他人合作完成任務，使自己成為對社會有用的人的願望。對於這些現象，我們最好用「社會情感」這個概念來加以概括。那麼，社會情感的根源是什麼？人們對此眾說紛紜，不過，根據本書作者到目前為止的發現，這個問題與人的概念有著不可分割的關聯。

人們可能會問，這種社會情感是否比人們對於優越感的追求更接近人的天性？對此問題的回答是，這兩種心理在根本上擁有相同的核心——個體追求優越和渴望社會情感，都是基於人的本性。兩者都是渴望獲得肯定和認同的根本表現；它們的表現形式不同，而這種差異又涉及對人的本性的兩種不同假設。個體追求優越感的人性假設是，個體不必依賴於群體；而渴望社會情感的人性假設是，個體在某種程度上依賴於群體或社會。從人的本性來看，毫無疑問，社會情感是優先於個體的追求優越感。前者代表一種更為合理、在邏輯上也更為根本的觀點；後者則是一種表面的看法，即使它做為一種心理現象在個體生活中會更經常地遇到。

如果想知道社會情感在何種意義上是合乎真理和邏輯的，我們只需要對人類作歷史的考察，我們很快就會發現，人總是群體地生活在一起。這個事實並不令人驚訝。因為任何一個不能保護自己的動物，出於自我保護的原因，總是被迫群居在一起。把獅子和人做個比較，我們就會看到，人做為動物的一種，他的生存極不安全。那些和人們大小相當的絕大多數動物，則擁有更強大的力量，大自然賦予牠們極佳的攻擊和防禦武器。達爾文觀察到，所有那些防禦能力不夠強大的動物總是集體出沒。例如，那些體力異常強大的猩猩一般都是和其伴侶單獨生活，而猿類家族中那些體型較小、力量較弱的成員，則總是群體生活在一起。正如達爾文所指出的，由於大自然沒有賦予這些動物尖牙利爪和翅膀等，它們便組成群體以補償這方面的不足。

組成群體不僅可以彌補單個動物做為個體所缺乏的能力，而且還使他們發現一些新的保護方法，以改善他們的處境，使它們更安全。例如，有些猴群會派出前線偵察，查看附近是否有敵人。它們透過這種方式彙聚集體力量，以彌補群體中每一個體力量的不足。我們也會發現，牛群集結成圓形的防禦圈，以抵禦體型遠大於自己的單個敵人的進攻。

研究這類問題的動物學家也指出，在這樣的動物群體中，我們經常會發現類似的原則。例如，派出去偵察情況的動物必須按照特定的行為規則來生活，它們所犯的每個錯誤或違反規則，都會受到群體的懲罰。

有趣的是，許多歷史學家認為，人類最古老的法律是與部落的守望者有關。如果是這樣的話，我們就對於動物由於個體不能保護自己而形成群體的觀念有了一個清晰的圖像。從某種意義上來說，任何社會情感都反映了體力的虛弱，並與它關係密切。因此，就人類來說，我們最好在嬰兒和兒童時期就發展和促進他們的社會情感，因為他們這時最無助，而且成長緩慢。

我們發現，在所有的動物當中，人類的孩子在出生的時候是最無助的；人類要達到成熟，所需的時間是最長的。其中的原因並不在於兒童在長大成人之前有太多的東西需要學習，而是因為人的成長發育需要很長的時間。兒童需要父母保護的時間要遠遠長於其他動物，這是因為他們身體的發育要仰賴父母的保護。如果兒童缺乏這樣的保護，人類就會滅絕。我們可以把兒童身體上的脆弱期，視為把教育和社會情感連結起來的時刻。由於兒童身體的不成熟，教育是必要的，教育的目的源自於一個事實，即只有透過群體才能克服兒童的不成熟。教育的目的必然是社會性的。

我們所有的教育規則和教育方法，絕對不能忽視群體生活和社會適應（social adjustment）的觀念。不管我們是否意識到，我們總是讚美那些對社會有益的行為，總是唾棄那些對社會不利或有害的行為。

我們觀察到的所有的教育錯誤之所以是錯誤的，都是因為我們認為它們對社會造成了有害的影響。任何偉大的成就，甚至人的能力的任何發展，也都是在社會生活中並朝向社會情感的方向實現的。

讓我們以語言為例來進行說明。一個隱居的人是不需要語言的。語言的存在和發展是人類群居必要性的無可爭辯的證明。語言是人與人之間明顯的紐帶，同時也是人類群居的產物。只有從群居和社會的思想出發，語言和言說的心理學才是可理解的。隱居的人不會對語言和言說感興趣。如果一個孩子沒有對社會生活廣泛的參與，如果他只在封閉和隔離中成長，那麼他的語言能力的發展就會受到阻礙和延遲。只有當他與他人或群體產生聯繫時，他才能獲得和發展他的語言天賦。

我們通常認為，有些孩子之所以比別的孩子更善於說話和表達，完全是因為他們更有語言天賦。其實不然。有語言障礙或與別人說話時有障礙的兒童，通常缺乏強烈的社會情感。有語言障礙的兒童通常是由於被過分寵愛的緣故。這些孩子在尚未表達自己的願望之前，母親就已經為他做好一切。孩子沒有感到說話的需要，從而也就喪失了與外界的接觸，喪失了社會適應能力。

有些孩子不願意說話，是因為他們的父母從來不讓他們說完整個句子，從不讓他們自己回答問題；有些孩子則是因為說話時被取笑和嘲諷而喪失了信心。對於孩子說話不斷地糾正和挑剔，似乎是一個廣泛存在的不良習慣，其後果是，這些孩子經年累月地背負低人一等和自卑感之苦。例如，有些人開始說話時總是會先說「請不要笑我」；很清楚，這些人在童年時說話經常被人取笑。

有這樣一個例子：一個小孩能說能聽，不過，他的父母既聾又啞。每當孩子受傷的時候，他只是流淚，而不哭喊。這很有意義，而且也很必要，因為他的父母可以看見他流淚傷心的樣子，而聽不到任何哭喊的聲音。

如果沒有社會情感，人的一些其他能力的發展，例如理解力和邏輯感都是不可想像的。完全隱居的人根本不需要邏輯，或者說他對邏輯的需要不會多於任何一個動物。另一方面，一個人若不斷地與人接觸和交往，他就必須使用語言、邏輯和常識，因而他必須獲得和發展社會情感。這也是所有邏輯思考的最終目標。

有時候，有些人的行為在我們看來是很愚蠢的，不過，從行為者的目的來看，這些行為卻是很明智的。這種現象經常發生在那些總以為別人也會像他們一樣看事情的人身上；這也表明了社會情感和常識對於判斷是多麼的重要（當然，如果社會生活不是如此複雜，沒有給個體帶來如此錯綜複雜的問題，那麼，常識的培養也就沒那麼必要了）。我們也有理由想像，為什麼原始人停留在原始水準，就是因為他們相對簡單的生活沒有刺激他們更深入去思考。

社會情感在人的語言能力和邏輯思維能力的發展方面，有非常重要的作用。語言和思維常常被視為人類的神聖能力。如果一個人不顧及他所生活的社會而試圖解決自己的問題，或者使用只有他自己理解的語言，那麼就會產生混亂。社會情感給個體一種安全感，也是他生活的主要支撐。這種安全感也許和邏輯思考及真理所帶給我們的信心並不相同，不過，它顯然是這種信心的組成部分。舉個例子，為什麼數學計算能給所有人一種信任感，從而使我們傾向於把只有能用數字表達的東西才視為真實和正確的？其原因是，數學計算比其他的思考過程更容易傳達給我們的同伴，同時，我們的頭腦也很容易對它進行思考。對於不能傳播、不能與人分享的真理，我們總是不會抱以太大的信任。毫無疑問，這也是為什麼柏拉圖嘗試以數字和數學來建構所有哲學思想。柏拉圖讓走出「洞穴」的哲學家再回到「洞穴」之中與他的同伴一起，從中我們可以更清楚認識他的哲學與社會情感的密切關係。在柏拉圖看來，哲學家如果沒有源於社會情感的安全感，那他們自己也不能正確地生活。

當孩子與他人接觸，或是必須獨立完成某個任務的時候，最能夠顯示出他們缺乏安全感的一面。他們的不安全感還會表現在對某些學科的學習上，特別是那些要求客觀和邏輯思考的學科，例如數學。

人們在童年時期接觸到的一些觀念（例如道德感、倫理規則）通常都是片面的，不完整的。對於那些註定要離群索居的人來說，倫理原則是他無法理解的，也毫無意義。只有當我們考慮到社會和他人的權利時，道德觀念才會出現，才有意義。不過，在審美的感覺和藝術創作方面，要證實這個觀點就有點困難。即使在藝術的領域，我們也會看到一種普遍的、一致的模式，其根源是我們對於健全、力量和正確的社會發展等等的理解。當然，藝術的界限彈性比較大，個人喜好的空間也比較大。不過，整體來說，藝術、美學也遵循著社會方向。

那麼，我們如何確定一個兒童的社會情感的發展程度呢？對於這個問題，我們的回答是，需要觀察他特定的行為表現。例如，如果我們看到一個兒童追求優越時不顧他人、總想突出自己，那麼我們可以肯定，他比那些沒有表現出此種行為的兒童更缺乏社會情感。在當代的文化中，我們很難想像一個兒童完全不想追求優越和優秀。正因為如此，個體的社會情感通常沒有得到充分發展。對於人的這種狀況（人的本性上是自我中心的，對自我的考慮要多於對他人的考慮），從古到今的道德家總是不斷地加以抨擊。這種批判總是以道德說教的形式出現，對兒童或成人也毫無效果，因為僅僅靠道德說教很難有效，也不會改變什麼。人們最終也這樣安慰自己：其他人並不比我好到哪裡去。

如果遇到一個孩子思想混亂，甚至形成了有害或犯罪的傾向，那麼我們就要記住，長篇累牘的道德說教不會有什麼效果，而是要進行深入探究，從而將其有害的心理連根拔除。換句話說，我們不要扮演道德法官來對他們進行審判，而是要成為他們的朋友或治療他們的醫師。

如果我們不斷地告訴一個小孩他很壞、很笨，那麼，不用多少時間，他就會相信我們的斷言是對的，並最終喪失了面對困難和解決問題的勇氣。其結果是這個孩子什麼事情都做不好，相信自己很笨的想法越來越根深柢固。孩子不了解是他的環境摧毀了他的自信，並且會不知不覺地依此規劃自己的生活，以證明對他的錯誤判斷是正確的。這個孩子會感到自己的天賦不如別人，認為自己的能力和發展的可能性有限。從他的態度中我們可以準確地看到他消沉的心境，這種心境與對他不利的環境直接相關。

個體心理學試圖表明，在孩子所犯的錯誤中總是可以看到環境的影響。例如，一個東西亂丟的孩子背後總有一個幫他整理收拾的人；一個撒謊的孩子總是受到一個頤指氣使的成人的影響，這個成人總是用強硬嚴厲的方式來糾正小孩說謊的毛病。我們甚至可以從孩子喜歡說大話的行為中找到環境影響的痕跡。這種小孩覺得讚美對他來說是一種必需品，比起成功完成自己的任務重要得多；他在追求優越感的過程中總是渴求來自家庭成員的讚美。

父母經常會忽視或誤解孩子在家庭中不同的處境。那些有兄弟姊妹的孩子的處境和獨生子女的處境就存在差異。老大的處境之所以特別，是因為他曾是家裡唯一的孩子。這種經歷是老二所無法想像的。老么的處境也很不一樣，因為他曾是家裡最小和最弱的孩子。他們處境各不相同。如果兩個兄弟或兩個姊妹一起成長，那麼年齡較大、能力也較強的孩子已經克服的困難則是較小的孩子仍要面對的。年齡較小的孩子的處境要相對不利一些，他當然也會感受到這一點。為了補償他的這種自卑感，年幼的孩子會加倍努力，以超越其年齡較大的哥哥或姊姊。

長時間研究兒童的個體心理學家，通常能夠判斷出孩子在家庭中的排行順序。如果年齡較大的孩子取得正常的進步，那麼這就會刺激年齡較小的孩子投入更大的努力，以追趕他的哥哥或姊姊。其結果是，較小的孩子通常更積極進取，更咄咄逼人。如果年齡較大的兒童比較軟弱，發展較慢，那麼年齡較小的孩子就不會被迫投入更大的努力來和兄姊競爭。

因此，確定一個孩子在家庭的位置是很重要的，因為我們只有了解了他在家庭中的位置，才能完全地了解他。家庭中年齡最小的孩子必然會表現出他們年齡最小的跡象和特徵。當然會有例外，但是最小的孩子通常都想超過所有的哥哥姊姊，他們從不安分，總是感覺和認為自己必須比其他人更好，而總想採取進一步的行動。這樣的觀察對於孩子的教育很有意義，因為它們決定了對孩子的教育方法。對不同的孩子採取同樣的方法，這肯定行不通。每個孩子都是獨一無二的。當我們按照一定的標準來給他們進行分類時，我們還必須注意把每個孩子當作一個個體來對待。這對於學校當然很難做到，但是在家庭中則一定可行。

老么通常總是想突出和表現自己，並常常在很多方面取得成功。這一點非常重要，因為它大大地動搖了人們認為心理特徵遺傳的觀念。如果不同家庭的老么都有許多相似之處，那麼，遺傳之說就更難令人相信。

另一種類型的老么和上面描述的積極進取的類型完全相反，他們完全喪失了信心，懶散至極。這兩種類型的兒童表面上的差異，可以從心理學加以解釋。沒有人會比那些渴望超越其他人的人更容易受到傷害。這種孩子的過大雄心使他不快樂，而且一旦遇到似乎不可克服的障礙時，他就比那些目標相對不夠遠大的人更快地退縮和逃避。我們可以從一句拉丁諺語中看出這兩類孩子的人格化的特徵：「要麼全有，要麼全無。」

我們可以在《聖經》中找到和我們經驗一致的、關於老么取得成就的精彩記述，例如約瑟夫（Joseph）、大衛（David）和掃羅（Saul）等等。人們也許會提出異議說，約瑟夫還有個弟弟班傑明（Benjamin）。不過，班傑明出生的時候，約瑟夫已經十七歲了，因此，約瑟夫仍可被視為老么。對於老么成就的描述，不僅見於《聖經》，我們還可以從神話中找到很多例子。在所有的神話之中，老么都超越了他的哥哥和姊姊：在德國、俄羅斯、斯堪的納維亞或中國的神話中，最小的孩子總是征服者。這絕不是偶然。其原因也許在於，古代老么的形象要比今天更為突出和鮮明。因為在原始的條件下，我們更容易注意到這種現象，因而對於老么之類的形象也能做更好的觀察。

對於孩子所形成的與其在家庭中的排行相對應的人格特徵，還有更多可說之處。例如，孩子中的老大就有許多共同的特徵。我們可以把他們分成兩個或三個主要類型。

本書作者曾經花很長一段時間研究老大的問題，不過，一直沒有很確切的結果，直到有一天偶然讀到馮塔納（Theodor Fontane）自傳中的一段文字。馮塔納在這段文字中描述了他的父親，一個法國的移民，參加了波蘭對俄國戰爭的情況：當他的父親聽到例如一萬名波蘭軍打敗五萬名俄軍並使他們逃竄的消息時，總是感到非常高興。馮塔納對於父親的高興感到不解，相反地，他還提出反駁說，五萬名俄軍當然比一萬名波蘭軍強大，「如果不是這樣，我一點都不會高興，因為強者應該永遠是強者。」讀到這段文字，我們馬上可以得出這樣的結論：「馮塔納是長子！」只有身為長子才會說出這樣的話。馮塔納回想起，當他是家庭中唯一的孩子時，曾擁有多大的權力！而當他被一個弱者（弟弟、妹妹）趕下「王位」時，他又感到多麼的不公平。我們可以發現一個事實，即老大通常性格保守。他們相信權力，崇奉規則和法律。他們傾向於公開而毫無愧疚地接受和忍受專制主義。他們對權位抱持肯定的態度，因為他們自己曾一度擁有這種權位。

就像我們曾說過的，這種類型的長子當中也有例外。有一種例外必須要提出來，因為這種情況一直以來被人們忽視，也就是一個長子當他有了妹妹之後，他就開始扮演悲劇的角色。即使不用提及這個事實本身，我們通常也可以從對這個無所適從、完全灰心喪志的長子的描述中了解到，長子的困境與他那年輕而聰明的妹妹有關。這種情況的頻繁發生並非偶然，它有完全合理的解釋。我們知道，在當今的文化中，男人被認為比女人重要。長子通常都被過分寵愛，父母對他也期望甚多。他的處境一直非常有利，直到有一天他的妹妹突然出現了。妹妹進入了由她被寵壞的哥哥所控制的世界。他的哥哥視她為一個可恨的入侵者，並與她奮力抗爭。妹妹的這種處境激勵她做出非比尋常的努力，而且只要她不崩潰，這種激勵會影響她整個人生。於是，這個妹妹進步很快，這種快速進步也嚇壞了她的哥哥，因為它猛然摧毀了男性優越的神話。他感到不安全，不確定。而且大自然的規律是，女孩在十四至十六歲期間的發育要比男孩快。於是，哥哥的不安全感可能變成徹底的氣餒。他輕易地喪失了自信，放棄了努力。他尋找各種合理的藉口，或自己為自己設置障礙，以做為自己放棄努力的理由。

這種類型的長子無所適從，放棄希望，莫名其妙地懶惰，或神經兮兮，這是因為他們感到自己沒有能力和妹妹競爭。我們經常會遇到這種類型的長子，他們會令人難以置信地憎恨女人。他們通常命運悲慘，因為很少有人理解他們的處境，也很少有人向他們解釋他們的處境。有時，長子的情況會更糟，以致於他們的父母和其他家庭成員都會抱怨：「為什麼情況不是相反？為什麼男孩不是女的，而女孩不是男的？」

生活在眾多姊妹中的唯一男孩，同樣也擁有這類性格特徵。在這種女多男少的家庭，難免會形成一種女性主導的氣氛。這個唯一的男孩或是被家庭中所有女人寵愛、溺愛，或是家庭中所有的女人都反對他、排斥他。因此，這種男孩的發展當然很不一樣。不過，他們的性格中有相同的成分。我們知道，有一種普遍的觀點認為，男孩不應該單單由女人撫養和教育。不過，我們不要從字面上去理解這句話，因為所有的男孩最初都是由女人撫養的。它真正的意思是，男孩不應該只在女人的環境中成長。這個觀點並不是反對女性，而是反對從這種環境中產生的誤解和偏見。這對於只在男性環境中成長的女孩也一樣。那些在男性中成長的女孩通常會受到男性的歧視，其結果是，這個女孩會模仿男孩，試著和他們一樣，這會給她後來的生活帶來不利影響。

不管一個人多麼寬容，他都不可能贊同這樣的觀點，即教育女孩應該像教育男孩那樣。短時間這樣做還可以，不過，難以避免的特定差異很快會出現。男人因為其不同的身體構造，將在生活中扮演不同的角色。身體構造在職業選擇上也有一定的作用。那些不滿意自己女性性別的女孩會發現，很難適應那些為女人而設的職業和職業要求。對於將來的婚姻和家庭生活，女人的角色教育自然不同於男人的角色教育。對自己性別不滿意的女孩往往會拒絕婚姻，認為那有損自己的尊嚴。她們即使結婚，也會尋求擁有主導權。那些接受如同女孩子的教育的男孩會面臨同樣的問題，他們很難適應我們當代的文化和這種文化對他們的期待。

在思考這些情形的時候，我們不要忘記，一個人的人生風格通常在四歲或五歲的時候就已經確定下來。在這段時間必須培養他們的社會情感和必要的社會適應能力。大約在五歲左右，一個人對於世界的觀念通常就已經確定和固定下來，並在日後的發展中保持著大致相同的方向；他對外在世界的感知基本上會固定下來；他受制於自己的觀念，並不斷地重複他原初的心理機制和產生於這種心理機制的行為。一個人的社會情感受到他自身的精神視野（mental horizon）的限制。

第八講 孩子在家庭中的位置：不同情境下的兒童心理及其矯正

The Child's Position in the Family: The Psychology of the Situation and the Remedy

8

我們知道，孩子的發展與他們對於自己在家中的排行的無意識的理解是一致的。我們還知道，老大、老二和老三的發展各不相同，而這種發展又是和他們在家庭中的位置相對應的。孩子早期的處境可以被視為對其性格發展的一種磨練和塑造。

兒童的教育越早開始越好。當孩子逐漸長大，他就會形成一定的規則或公式，來指導他的行為以及對不同情境的反應。如果孩子還小，我們只能發現他指導未來行為模式的些微線索。經過幾年的練習之後，這種行為模式就會形成，並且固定下來。孩子的行為並不是客觀的反應，而是受制於他對自己早期經驗的無意識的理解。如果他對某一情境或應付某一情境的能力產生錯誤的理解，那麼，這種錯誤的理解和判斷就會決定他的行為。只要這種原初的、童年時期形成的看法沒有被矯正過來，那麼，無論學了多少邏輯或常識都不會改變他後來的行為。

兒童的成長總有一些主觀而獨特的東西，這種個體性（individuality）正是教育者應該去探究的，因此不應該用千篇一律的法則來教育一群兒童。這也是為什麼我們對不同的兒童運用同一套教育原則，會有不同結果的原因。

另一方面，當我們看到孩子們用幾乎相同的方式來對同一情境做出反應時，我們不要認為這是自然法則在起作用；事實是，當他們都對於情況缺乏理解和認知時，他們就可能會犯下相同的錯誤。一般認為，一個家庭有新的孩子出生時，早先出生的孩子就會心生嫉妒。對於這樣的看法，人們反駁說，一方面這其中存在例外，另一方面，如果我們能使孩子懂得如何正確看待弟妹的出生，那麼，這種嫉妒就不會產生。有這方面錯誤行為和錯誤觀念的兒童，就像一個站在山腳小道前的旅人，不知道如何繼續前進。不過，他終於找到了正確的路，成功抵達目的地，卻聽到人們驚奇地說：「幾乎所有在這條小道徘徊的人都迷失了方向。」那些做出錯誤行為的兒童，經常徘徊在這條富有誘惑的道路上。這條路看起來很容易穿過，因而吸引著這些兒童。

還有許多其他的情境會對孩子的性格產生不可估量的影響。我們不是經常看到，一個家庭中的兩個孩子一個好而一個壞嗎？我們只要稍加研究，就會發現那個壞孩子對優越感的追求過於強烈，試圖控制所有的人，並盡力控制周遭環境。家裡充滿了他的叫喊。相反地，另一個孩子則安靜、謙遜，是家裡的寵兒，是那個壞孩子該學習的榜樣。對於同一家庭出現的這種差異，父母很難理解。通過調查我們知道，那個好孩子發現借助優異的行為可以獲得更多的認可，並成功地戰勝與他競爭的壞孩子。顯然，當這兩個孩子之間出現了這種性質的競爭時，那個壞孩子就不可能透過更好的行為來超越這個好孩子，於是，他便走向了相反的方向，他會盡可能地調皮搗蛋。經驗告訴我們，這種淘氣的孩子有可能會變得比他的兄弟姊妹更好。同時，經驗也告訴我們，對優越感過於強烈的渴求會使他向著某個極端的方向努力。在學校也會看到同樣的情況。

我們不能因為這兩個孩子在相同的條件下成長，就預言他們會完全一樣。沒有任何兩個兒童是在完全相同的條件下成長。性格良好的兒童的成長，也會受到行為不良兒童的極大影響。實際上，許多兒童當初的表現也很不錯，但後來卻成為問題兒童。

這裡有個十七歲女孩的案例。這個女孩到十歲為止一直都是個好孩子。她有個比她大十一歲的哥哥，是個被過分溺愛的孩子，因為他曾經有十一年之久是家裡唯一的孩子。當女孩出生時，這個男孩並不嫉妒她，不過他依然故我，繼續著他那些被寵壞的行為。當這個女孩十歲的時候，他的哥哥就很少待在家裡了。於是，這個女孩便取得了類似獨生女所處的位置；這種位置對她產生了影響，她開始不顧一切地我行我素。她的家境富裕，因此很容易滿足她的任何要求。不過，當她逐漸長大時，家裡就不可能滿足她的所有要求了。因此，她開始表現出不滿和失望。她開始利用她家的好名聲去借錢，並很快就背上了一筆可觀的債務。也就是說，她開始選擇另一條道路來滿足自己的要求。當她的母親拒絕滿足她的要求時，她就放棄了過去的好行為，不斷哭鬧和爭吵，成了一個最令人討厭的人。

從這個案例和其他類似的案例，我們可以得到一個普遍的結論：一個兒童表現出好的行為，可能只是為了滿足自己的優越感，因此我們無法確定當情境發生了變化時，他的好行為是否會持續下去。本書附錄一所提供的個體心理問卷，可以為我們提供一幅關於某個兒童、他的活動和他與周遭世界及人們的關係的完整圖像。其中會看到他的人生風格的一些線索，而且如果我們對這個兒童及其心理問卷的資訊進行深入研究，我們就會看到，這個孩子的性格特徵、他的情感和他的人生風格，都是為了獲得一種優越感、提升自己的價值感，以及在周遭的世界中取得一定的聲望。

我們在學校裡經常會遇到一種孩子，他們似乎和我們這裡的描述互相矛盾：這種孩子懶惰、邋遢和內向，對於知識、紀律和批評無動於衷，他們生活在幻想世界中，絲毫不表現出對優越感的追求。如果我們有豐富的經驗，我們就會看出，這也是一種追求優越感的形式，儘管它是荒謬的。這種孩子絕不相信他能夠經由正常的途徑獲得成功，結果他會盡力避免所有可以改善和提升自己的手段和機會。他把自己封閉起來，給人一種性格堅強的印象。這種堅強並不是他人格的全部；在這種堅強的背後，我們可以發現一顆異常敏感和脆弱的心靈，為了避免傷害與痛苦，他需要表現出堅強和冷漠。他將自己裹進盔甲之中，這樣一來任何東西也不會靠近、觸動甚至傷害他了。

如果我們能找到方法讓這種類型的孩子說話，我們就會發現，他們過於關注自己，總是沉溺於白日夢和幻想，並在這些白日夢和幻想中，自己變得很偉大，或很厲害。在這些夢裡，現實消失了——他們是君臨一切的英雄；或是握有生殺大權的暴君；或是救苦救難的烈士。我們經常發現有些兒童不僅在幻想之中，也會在現實行動中扮演救世主的角色。我們可以相信，這些兒童會在別人處於危險之時飛身相救。那些在幻想之中扮演救世主角色的兒童，也會訓練自己在現實之中扮演這樣的角色，如果他們還未完全喪失自信，一旦機會出現，他們就會扮演這種角色。

某些白日夢會不斷地出現。在奧地利的君主時期，有許多孩子曾幻想著拯救國王或王子於危險之境。父母當然不會知道這種念頭曾縈繞著他們的孩子。我們所看見的是，那些經常做白日夢的人不能適應現實，也不能使自己成為有用的人。在這種情況下，現實和想像之間存在深深的鴻溝。也有些孩子比較中庸，他們一方面繼續做著白日夢，同時也稍作努力去適應現實。有些孩子則完全不能適應現實，越來越脫離現實，沉溺於自己構築的私人的幻想世界。當然，也有些兒童根本就對幻想世界毫無興趣，而只專注於現實，即使是閱讀，他們也只讀旅行故事、狩獵和歷史等書籍。

毫無疑問，一個孩子應該要有一點想像力，也要願意接受現實。不過，我們不要忘記，孩子看問題和我們成人不同，他們傾向於把世界劃分為對立的兩極。如果要理解兒童，我們就不能忘記這個非常重要的事實，即兒童有一種把世界劃分為兩個對立部分的強烈傾向（上或下、全好或全壞、聰明或愚蠢、優越或自卑、全有或全無）。有些成人也有這種對立的認知方式。眾所周知，要擺脫這種認知方式是非常困難的；例如，我們會把冷和熱對立起來，而根據科學知識，冷和熱的區別只是溫度的差異。我們不僅會經常在兒童那裡發現對立的認知方式，在學習哲學的初始階段也會如此。例如，這種思維方式就在古希臘哲學中占主導地位。甚至今天，幾乎所有的業餘哲學家都借助對立的思想來進行價值判斷。有些人甚至還做了一個列表，例如生—死、上—下、男—女，等等。今日兒童的認知方式和古代哲學的思考方式之間存在明顯的相似。我們可以認為，那些習慣把世界分為尖銳對立的兩個部分的成人，仍然保留著他們兒時的思考方式。

對於那些按照這種對立的、或非此即彼的認知方式來生活的人，我們可以用一句格言來描述他們的思維：「要麼全有，要麼全無（all or nothing）」。當然，在這個世界上這種理想是不可能實現的，不過也有人以此來安排自己的生活。要人們「全有或全無」是不可能的，在這兩個極端之間還有許許多多的選項。我們發現擁有這種思維方式的人，主要是兒童，一方面受到強烈自卑感的煎熬，另一方面發展出做為補償的過分野心。歷史上有不少這樣的例子，例如凱撒，他在謀取王位的時候被他的朋友殺害了。許多兒童的怪癖性格，例如偏執和固執都可以追溯到這種「全有或全無」的認知方式。這種特徵在兒童的生活中俯拾皆是。我們甚至還可以得出結論說，這樣的兒童會發展出一種私人的哲學，或者與常識相對立的私人智慧。這裡可以舉一個極其偏執和固執的四歲女孩為例。一天她母親給她一顆柳丁，她接下柳丁，立即把它扔在地上，並且說道：「你給我什麼，我都不要。我想要的時候，我會自己拿！」

懶惰的兒童自然不太可能「全部擁有」，便越來越退縮到「全無」的白日夢、幻想和空中樓閣之中。不過，我們不要急著下結論說，這種孩子已無可救藥。我們知道，過於敏感的孩子會很快從現實中退卻，躲進自己所建構的想像世界之中，因為後者能在一定程度上保護他們免受進一步的傷害和苦痛。不過，這種逃避並不必然意味著他們完全不具有適應和調適能力。與現實保持一定的距離不僅對於作家和藝術家是必要的，甚至對於科學家也是必要的，因為科學家也需要有良好的想像力。但是白日夢裡的幻想，只是對於生活中的不愉快和可能的失敗的一種逃避而已。我們不要忘了，正是那些擁有豐富的想像力並且後來又能把想像和現實連結起來的人，成了人類的領袖。他們之所以成功，不僅僅是因為他們受過較好的學校教育，擁有敏銳的洞察力，還因為他們具有面對困難和克服困難的意識和勇氣。我們經常可以從許多偉人的生平事蹟中看到，他們在兒童時期很少關注現實，學校成績也不夠好，不過他們擁有洞察周圍世界的卓越能力，因此，當有利條件出現的時候，他們的勇氣就足以使他們直面現實，努力奮鬥，最終成就一番事業。當然，如何把兒童培養成偉人，這裡沒有法則可循。不過，我們應該記住，我們絕對不要粗暴、魯莽地對待兒童，而是要不斷地鼓勵他們，不斷向他們說明現實生活的意義，讓他們的想像世界與現實世界的距離不再擴大。

第九講 新環境的測試：孩子是否準備好了？——

The New Situation as a Test of Preparation

9

個體的心理生活是個統一的整體（其人格的所有表現都是相互關聯的），而且是具有連續性的。人格的展現，也是連續的。一個人現在和未來的行為，和其以往的性格是一致的。這並不是說，個體在生活中所發生的事件，完全都是由過去和遺傳所決定的。但是，個體的未來和過去確實是連在一起，是連續的。我們不可能一夜之間跳出原來的自我，但我們從來也不知道所謂的自我到底是什麼——我們不知道我們的潛力究竟到哪裡，直到我們表現出那份潛力的那一刻才會知道。

正由於人格的連續性（這並不是機械決定論），不僅使得教育和改善變得可能，而且還可以檢測出兒童在某一時刻的性格發展狀況。當個體進入新環境之中，他隱藏的性格特徵就會表現出來。因此，如果我們能夠直接對個體進行實驗，我們可以把他們放到一個意外的新環境裡面，來觀察他們的人格發展狀況。由於他們在新環境中的行為一定和他們過去的性格是一致的，因此，他們在一般情況下不會顯露的性格，會在新環境中表現出來。

就兒童的情況而言，通常是在轉變期，例如孩子開始上學或是家庭突然發生變故時，我們最有可能發現他的性格。兒童性格的局限就會在這種轉變期清晰地顯現出來，就像一張相片的底片，被放進沖洗液而顯現出圖像一樣。

我們曾經觀察過一個被收養的孩子。他性格暴躁，屢勸不聽，行為也捉摸不定。我們問他問題，他的回答並不得體，而是自顧自地說一些與我們的問題無關的話。在了解了這個孩子的整體情況之後，我們認為，這個孩子雖然已經來養父母家好幾個月了，但他對他們仍然懷有敵意。顯然，他並不喜歡這個家。

到目前為止，我們只能得出這個結論。這對養父母先是搖頭，並認為他們對孩子很好。其實，在這之前，從來沒有人對他這麼好過。不過，善待並不是關鍵因素。我們經常聽到父母會這麼說：「我們嘗試過各種辦法，軟硬兼施，但就是沒有用。」光是善待孩子是不夠的。雖然有些孩子會對父母的善意有所回應，不過，我們不能就此認為他們已經改變了。孩子仍會認為，這種善待只是暫時的，他們的處境基本上沒有改變，一旦這種善待消失了，他們又會立刻回到以前的情況。

在這種情形下，關鍵是要了解這個孩子的感覺和想法，他如何看待自己的處境，而不是他的父母怎麼想。我們向這對養父母指出，這個孩子在他們這裡並不快樂。我們不知道這個孩子的不快樂到底是什麼原因，不過，這中間一定發生過什麼，才引起他這樣的恨意。我們告訴這對養父母，如果他們覺得無法矯正這個孩子的態度，不能贏得他的愛，那麼他們就應該把他轉送到其他地方，因為這個家對他來說已是牢獄，他會不斷地反抗。後來，我們聽說這個男孩性格變得更加暴躁，甚至具有危險性。如果對他友善一點，他的態度會有一些好轉，不過這還不夠，因為這孩子無法了解事情為什麼會這樣。隨著我們獲得更多資訊，才清楚其中的原因。我們的解釋是：由於這個孩子是和養父母自己的孩子一起生活，因此，他認為養父母關心、愛護自己的孩子要更甚於關心和愛護他。這應該不至於使他生氣到這種程度，然而，這個孩子已經想離開這個家，所以，任何可以幫助他實現願望和目的的行為，對他來說都是對的。從他為自己設定的目標（離開養父母家）來看，他的行為是明智的，我們應該放棄關於他頭腦可能不好的任何想法。過了一段時間，這對養父母才了解到，如果無力改變這孩子的行為，他們應該把他送走。

如果我們對這孩子的錯誤行為進行懲罰，那麼，他會把懲罰當作繼續反抗的好理由。懲罰強化了他的這種感覺，即反抗有理。我們的觀點有合理的依據，而且從這一點來看，兒童的所有錯誤行為都只是他與環境抗爭的結果，是他們碰到一個他們沒準備好去面對的新環境的結果。這種錯誤儘管幼稚，但我們也不用驚訝，因為在成人的生活中也存在這種幼稚的表現。

對於各種舉止和不明顯的身體語言的意義，幾乎還沒有人研究。教師在這方面也許是得天獨厚，可以把孩子的這些表現形式蒐集起來研究，探討它們相互之間的關係及其根源。我們必須記住，在不同時刻，同一種表現形式的意義並不相同；兩個孩子做相同的行為，其意義也不一樣。此外，儘管問題兒童的心理肇因相同，其表現形式卻可能各式各樣。原因很簡單：要達到一個目的，可以有多種途徑。

我們不能只從常識的角度來判斷這些行為的對錯。如果一個兒童表現出一個錯誤行為，這通常是由於他為自己設定了錯誤的目標。因此，對錯誤目標的追求導致了錯誤的行為結果。人會犯的錯可說是數都數不完，但真相卻只有一個，這也是人性的奇特之處。

兒童有一些表現，學校以往不曾去注意，但卻有其意義，例如，兒童的睡姿。這裡舉一個有趣的例子。一個十五歲的男孩曾經被一種幻覺所困：當時的皇帝法蘭茲・約瑟夫一世（Francis Joseph I）過世了，他的鬼魂出現在這個男孩面前，並命令他組織一支軍隊向俄國進軍。我們在夜裡走進他的房間，發現他的睡姿儼然一副拿破崙指揮千軍萬馬的樣子。第二天晚上去看他，仍是一副類似軍人的睡姿。可以看出，他的幻覺和清醒時的狀態之間的關聯相當明顯。我們去找他談話，試圖告訴他，皇帝還活得好好的。他驚訝得不敢相信。他說他在咖啡館工作的時候，總是因為自己身材矮小而遭人奚落。我們問他是否有人走路的姿態與他很像，他想了一會兒回答說：「我的老師，麥爾先生。」看來，我們猜對了，只要我們把這個麥爾先生想像成另一個小拿破崙，問題就迎刃而解了。更重要的一點是，這個男孩告訴我們，他希望成為一名教師。他喜愛他的老師麥爾先生，並樂於在各方面去模仿他。簡而言之，這個男孩的全部生活史都濃縮在他的姿勢之中。

新環境是一種測試，看看兒童是否已經準備好了。如果兒童準備充分，他就會滿懷信心迎接新環境。如果他對新環境缺乏準備，他就會感到緊張，並進而產生一種無力感。這種無力感會讓他喪失判斷力，並對環境做出不正確的反應——無法符合新環境的要求——因為這些反應並不是從社會情感而來。換句話說，兒童在學校的失敗不僅是由於學校系統的問題，也是因為兒童在某些方面的不足或缺失。

我們之所以要研究新環境，並不是因為它是兒童變壞的原因，而是因為它更清晰地顯示了兒童對新環境準備上的不足。每一個新環境都可以被視為對兒童準備好與否的測試。

因此，這裡可以再就附錄一當中的一些問題來作討論。

一、導致問題發生的原因是何時出現的？我們會比較關心孩子是否到了一個新的環境或情境。如果一個母親說他的孩子在入學之前一直都沒問題，那麼，她告訴我們的要比她實際理解的更多。顯然，孩子難以適應學校生活。如果這個母親說：「這個孩子在過去三年裡一直出問題。」那麼，這個回答還不充分，我們必須知道三年前孩子的環境或身體狀況是否有什麼變化。

孩子喪失對自己的信心，常常先是反映在他不能適應學校生活。孩子一開始遭受的失敗，一般都沒有被充分的重視，不過，它對孩子可能是個災難。我們要了解，孩子是否經常因為獲得較低的分數而被責打，這種低分或責打對於他追求優越感會產生什麼影響。這個孩子也許會認為自己再也沒有希望了。特別是當他父母也習慣說「你將一事無成」或「你會死在絞刑台上」時，孩子更會認為自己一文不值。

有些孩子會因失敗而激勵自己；有些孩子則會一蹶不振。對於那些對自己及其未來喪失信心的孩子，必須加以鼓勵和激勵。對於他們要溫柔、耐心和寬容。

草率地向兒童解釋性方面的問題，可能會使他們陷入困惑。兄弟姊妹的優秀表現也可能妨礙兒童作進一步的努力。

二、在問題出現之前，有跡象嗎？也就是說，兒童準備上的缺失在環境變化之前曾有徵兆嗎？對於這個問題，我們得到了各式各樣的答案。「這孩子不愛整潔」，這意味著他的母親以前都為他整理一切。「他總是很膽小」，這意味著他很依賴家庭。如果一個孩子被描述為孱弱，那麼，我們可能會推測，他生來就有器官缺陷，或由於孱弱而被過度寵愛，或由於長相醜陋而被忽視。這個問題也暗指小孩可能有弱智（feeble-mindedness）。他也許是因為發育非常緩慢而被懷疑有智障（mentally weak）。即使這孩子後來情況好轉了，他仍然有一種被寵愛和被限制的感覺。這種感覺會讓他在應付新環境時帶來更多困難。如果這個孩子膽小而且粗心，那麼我們可以確定，他是在尋求和確保別人對他的關注。

教師的第一要務是贏得孩子信任，然後鼓勵和促進他的勇氣。如果一個孩子舉止笨拙，教師就必須查明他是否為左撇子。如果這孩子舉止非常笨拙，教師就必須去了解他是否完全了解自己的性別角色。那些在女性環境中成長的男孩會避免與其他男孩交往，並且被嘲笑和愚弄，也經常被當作女孩子來對待。他們已經習慣了女性的角色，日後會發生很嚴重的內心衝突。對於男女性器官差異的忽視，使得這些孩子相信性別是可以改變的。不過，他們最終會發現他們的身體構造是不可能改變的，只能設法發展他們所希望成為的性別的心理傾向（男孩有女孩的心理，女孩有男孩的心理）來加以補償。這些心理傾向會體現在他們的服飾和舉止上。

有些女孩厭惡女性職業，主要的原因就是她們認為這些工作沒有價值。這確實反映了我們文明的基本錯誤。在某些職業上男性擁有特權，而排斥女性，這種傳統依然存在。我們的文明明顯有利於男性，並且贊成他們擁有某些特權。男孩的出生通常比女孩更受到歡迎，這對於男孩和女孩都產生了有害影響。女孩很快就受到自卑感的刺痛，而男孩則背負過多的期望。女孩的發展受到了限制。現在有些國家，例如美國，對於女孩的限制就並不明顯。不過，在社會關係方面，即使是美國，男女也沒有達到一種平衡和平等。

我們這裡關注的是，反映在兒童身上的人類的整體精神狀態。接受女性角色意味著承受一些艱難痛苦，因此也會有人挺身反抗。這種反抗會經常表現為難以管束、固執頑固和懶惰倦怠，這都和追求優越感的心理有關。當女孩子出現這些跡象時，教師就必須了解她是否對自己的性別不滿意。

這種對自身性別的不滿會擴展到所有其他層面，於是，生命本身會變成一種負擔。有時我們會聽到孩子希望去另一個不分男女性別的星球生活。這樣的錯誤想法可能會引起各種荒謬行徑，或導致完全的冷漠、犯罪，甚至自殺。對此進行懲罰和缺乏同情，只會加重孩子的違和感。

如果這個小孩能審慎而自然地被教育了解男女之間的差異，認同男女具有同等的價值，這種不幸狀況是可以避免的。父親通常在家裡享有優勢地位，他是財產擁有者，制訂規則，指導自己的妻子，向妻子解釋規則並做最後決定。男孩子也試圖向他們的姊妹顯示自己的性別優勢，而且批評和嘲諷她們，使她們對自己的性別心生不滿。心理學家了解，男孩子的這種行為常常出於他們的一種脆弱感。有能力能做什麼和只是似乎應該能做什麼，之間的差異非常大。關於婦女時至今日還沒能達成偉大的成就的說法是毫無價值的，因為女人至今也沒有被教育和教導去做偉大的事情。男人總是把要補的襪子丟給女人，想要讓她們相信這才是她們的本分工作。雖然這種情況已經有了一些改變，但是直到今天，我們給女孩所提供的養育和教育中，也未曾顯示我們對她們有特別的期待。

我們一方面沒有幫女孩做好準備去做一些非凡之事，另一方面又反過來批評她們的成就不高，這是一種短視，也沒有看到其中的因果關係。要改變目前這種狀況並不容易，因為不僅僅是父親，母親也把男性優越視為理所當然，她們還以此觀念來教育自己的孩子。她們教育自己的孩子說，男性權威是正確的，男孩可以要求女孩順從，女孩當然也應該順從。孩子應該盡早了解自己所屬的性別，盡早知道他們的性別是不可改變的。但是，正如我們前面所說，有些女性會形成憎恨男性權威及男性優越的觀念。如果這種憎恨夠強烈，女性就會拒絕自己的性別並努力讓自己和男性一樣強。個體心理學稱之為「男性抗議」（masculine protest，又譯為「男性欽羨」）。男女的第二性徵（secondary symptom）出現問題，如身體畸形或發育不全，也會使他們成人以後，根據解剖學上完整的男女體質特徵來懷疑自己的性別（女孩身上出現男性特徵，男孩身上出現女性特徵）。這種懷疑經常深深地根植於體質上的孱弱。身體構造稚嫩、發育不全，這在男性身上要比女性更明顯。如果男性出現這種情況，就會被認為他有女性特徵。這種看法不正確，因為這個男人其實更像一個小男孩。身體發育不全的男人常常會感到一種痛苦的自卑，因為我們的文明一般認為，高大威猛、成就卓著、超越女性的男人才是理想的。同樣，一個發育不全或不夠美麗的女孩，也通常會討厭面對生活中的問題，因為我們的文明太過強調女性的美麗。

人的性情、脾氣和情感一般被視為第三性徵。敏感的男孩會被認為像女性；而從容、自信的女孩又被視為像男性。這些特徵絕不是內在的、天生的，它們從來都是後天習得的。擁有這些特徵的人都回憶說，他們童年時即是如此，他們成人之後也承認自己童年時就古怪、另類，舉止像個女孩（或像個男孩）。後來，他們根據自己對性別角色的不同理解而成長起來。接下來的問題是，性的發展和經驗到什麼程度？也就是說在一定的年齡階段，孩子應該對於性有一定程度的了解。我可以說，至少百分之九十的兒童，在他們的父母和教育者告訴他們性方面的知識之前，就早已對此有所理解了。什麼時候可以向孩子解釋性方面的事情，並不存在硬性的規則，因為我們無法預知一個孩子對這種解釋的接受和相信程度，我們也無法預知這種解釋將對他產生什麼影響。一旦孩子問到這方面的事情，在我們給他們解釋之前，應該對孩子當時的情況認真加以考慮。這裡不提倡太早向孩子作這方面的說明，儘管這並不一定會產生有害的結果。

關於收養或過繼的孩子的問題比較棘手。這種孩子通常會把良好的對待視為理所當然，而把一切苛刻、嚴厲的對待歸咎於他們在家庭中的特殊地位。一個失去了母親的孩子通常會緊緊依賴自己的父親。當過了一段時間父親再婚時，這個孩子就會感到自己被拋棄了，並拒絕和繼母友好相處。有趣的是，有些孩子甚至把自己的親生父母視為繼父繼母，也就是對他們充滿批評和抱怨。由於許多童話故事把繼父母描述成負面的角色，因此讓繼父母背上了一個不好的名聲。這裡順便提一下，童話故事並不是兒童的最佳讀物。這當然不可能完全禁止，因為孩子會從中了解到很多人性的東西。不過，應該在這些童話故事讀物中附上具有矯正作用的評論，並且不要讓他們閱讀那些含有殘忍或扭曲的幻想的童話故事。人們有時會用一些有強者的殘忍行為的故事來磨練兒童，使他們堅強粗獷，克制那些溫柔的情感。這又是一種源自於英雄崇拜的錯誤觀念——男孩子認為表示同情是一種沒有男子氣概的表現。溫柔的情感遭到嘲諷，這很令人不解。溫柔的情感如果不被誤用和濫用，毫無疑問是有價值的。當然，任何一種情感都可能被誤用和濫用。

私生子的處境尤其艱難。讓女人和孩子承受這種負擔，而男人則逍遙自在，這當然是不對的。這當中付出最大代價的當然是孩子。不管人們如何想幫助這種孩子，都不可能消弭他的痛苦，因為常識很快就會告訴他，他的境遇並不正常。私生子會受到同伴的嘲笑，國家的法律也可能使得他們生活困難，法律把他們烙上了私生子的印記。於是，他們會變得很敏感，容易與人發生爭吵，並對周遭世界抱有敵意，因為每一種語言都有一些醜陋的、侮辱性的字眼，來稱呼這些私生子。這就不難理解，為什麼問題兒童和罪犯之中有那麼多的孤兒和私生子。孤兒和私生子的反社會傾向不是天生、遺傳的，而是環境的結果。

第十講 孩子在學校

The Child at School

10

當一個孩子進入學校讀書時，正如上一章所說，他會發現自己進入了一個全新的環境。正如所有其他的新環境，學校也是對於兒童是否已準備好的一種測試。如果他準備好了，他會順利通過這個測試；如果他準備不夠，他這方面的欠缺就會暴露出來。

我們一般沒有記錄孩子在進入幼稚園和小學時心理準備的情況，這種紀錄（如果有的話）可以幫助我們理解孩子成年以後的行為。這種「新環境的測試」當然比一般的學校成績，更能顯示這些孩子的狀況。

當一個孩子上學時，學校對他會有什麼要求呢？他需要和教師合作，和同學合作，同時還要對所學的科目產生興趣。從孩子對於學校這個新環境的反應，我們可以判斷出他們的合作能力和興趣範圍，可以判斷出他對哪些學科感興趣，判斷他是否對別人的說話感興趣、是否對所有的一切都感興趣。要確定這些方面的情況，我們需要研究兒童的態度、舉止、眼神和傾聽別人說話的方式，需要研究他與老師接觸時是否溫和有禮、還是遠遠地躲著老師，等等。

這些細節如何影響一個人的心理發展，這裡還是以一個案例來說明。一個男性病人因為在工作上遇到許多問題，便去找心理學家治療。心理學家從他對童年的回顧中發現，他是家裡唯一的男孩，在姊妹群中長大；他出生不久父母就去世了。到了該上學的年齡時，他不知道應該到女子學校還是男子學校就讀，經過他姊妹的勸說，便進了女子學校讀書。不過，他很快就被學校辭退了。我們可以想像這件事會對他的心理產生多大的影響。

學生是否專注於自己的學業，很大程度上取決於他對於教師的興趣。能維持學生的專注，並能察覺什麼時候學生無法專注，這是教學藝術的一部分。有許多學生不能專注於自己的學業，他們通常是那些被寵壞的孩子，一下子被學校裡這麼多的陌生人嚇壞了。如果教師又比較嚴厲一點，這些孩子就會表現出似乎記憶力不好。不過，這種記憶力不好並不是一件單純的事。那些被教師指責記性不好的學生，卻能對學業之外的事情過目不忘。他們當然能夠專心，但這只有在溺愛他們的家庭情境中出現。他們的全部心力都集中在被寵愛的渴望上，而非學校的學業上。

對於這些在學校裡難以適應、成績不佳和考試不及格的孩子，批評或責備無法改變他們的人生風格，只會讓他們相信自己不適合上學，並對上學產生消極的態度。

值得注意的是，如果這種被寵壞的孩子一旦獲得教師寵愛，他們通常會成為好學生。當他們擁有優勢的時候，他們當然會努力學習，不幸的是，我們無法保證他們能永遠受到寵愛。如果他們轉學或更換了教師，或他們在某個學科（算術對於被溺愛的孩子來說，永遠是一門困難而危險的學科）上進步不大，他們就可能突然裹足不前。之所以不能勇往直前，是因為他們已經習慣了別人把他們的每件事都安排得好好的。他們從未被訓練去奮發努力，也不知道如何去奮發努力。對於克服困難，對於透過有意識的努力而勇往直前，他們沒有耐心，也沒有毅力。

接著，我們來探討一下什麼是良好的入學準備。在入學準備做得不好的情況裡，我們總是能看到母親的影響。我們知道，母親是第一個喚醒孩子興趣的人，並在指導孩子把興趣轉入健康的管道方面扮演著關鍵角色。如果母親沒有盡到這些責任，其結果就會明顯地體現在孩子在學校的表現上。除了母親對孩子的影響外，還有一些複雜的家庭影響因素，如父親的影響、孩子之間的競爭，我們將在其他章節來分析。此外，還有其他一些外在因素，如不良的社會環境或偏見，我們將在接下來的章節對此進行詳細討論。

簡而言之，由於這些因素會對孩子的入學準備產生不良影響，因此，僅僅根據孩子的學習成績（例如分數）來對孩子進行評價和判斷是愚蠢的。我們倒是應該把學校的成績單視為兒童目前心理狀況的反映。這些成績單反映的不只是他所獲得的分數，更反映了他的智力、興趣和專注能力等等。學校的考試和例如智力測驗這種科學邏輯方面的測驗，儘管形式上不一樣，其實質並無不同。我們應該將重點放在藉由這些測驗可以更了解兒童的心智狀況，而不是只記錄下一大堆事實。

近年來，所謂的智力測驗有很大的進展；教師們很看重這種測驗。的確，這種測驗有時也有價值，因為它們會揭示出普通測驗所看不到的東西。這類測驗還曾經是兒童的救星。如果一個孩子學業成績較差，教師也想讓他降級，而智力測驗卻顯示這孩子智商很高，於是，他不僅沒有被降級，反而往上跳一級。他感覺自信增強，他的行為也開始改變了。

我們並不想貶低智力測驗和智商的功能，我們的意思是，如果要進行測驗，那麼被測驗的孩子及其父母都不應該知道測驗的結果，即智商的高低。因為孩子及其父母並不了解這種智力測驗的真正價值。他們會認為，這種測驗的結果是對孩子的一種最終和完整的評定，它決定了孩子的最終命運——結果，這個孩子從此會受到這種測驗結果的限制和影響。實際上，把測驗結果絕對化的做法，一直備受人們的批評。在智力測驗中獲得高分並不能保證孩子的未來成功，相反地，那些長大成人以後獲得成功的孩子，在智力測驗中常常得分不高。

按照個體心理學家的經驗，當一個孩子在智力測驗的得分太低，我們可以找到正確的方法來提高他的分數。辦法之一就是讓孩子多練習這類的智力測驗，直到他們發現其中的竅門和他應做的準備。孩子可以透過這種方式獲得進步，累積經驗，並在以後的測驗中取得更高的分數。

學校的日常教學如何影響學生，孩子是否課業負擔太重，這也是一個重要問題。我們不是貶低學校課程中的科目，也不認為所教的科目需要減少。重要的是，這些科目要連貫和統一，這樣孩子才能理解這些科目的目的和實際價值，也不會把它們看作是純粹抽象的理論。對於是應該教育孩子學習知識，還是注意發展他們的人格，這個問題目前頗受爭議。個體心理學認為，兩者可以兼顧。

正如我們討論過，各科目的教學應該有趣，並與實際生活有關。例如，數學（算術和幾何）的教學可以與建築的風格和結構、裡頭能住幾個人等問題連結起來。有些科目可以結合在一起教。有些更進步的學校，有能力把一些科目互相連結，來進行教學。他們會和孩子們一起散步聊天，探索孩子對哪些科目更有興趣。他們找出一些科目的相關性，例如，把對某一植物的教學和這一植物的歷史、所生長國家的氣候等結合起來教學。這些教學專家利用這種方式，不僅激發了那些原本對這個科目沒興趣的學生，使他們產生興趣，也引導他們對事物進行協調的、綜合的思考方法，這也是所有教育的最終目的。

還有一點，教育者也不能忽視，那就是學校裡的孩子都會感覺到一種同儕競爭。我們很容易了解為什麼這一點很重要。理想的班級應該是一個整體，每個學生都可以感到自己是這個整體的一分子。教師應該注意把競爭和個人的野心限制在某種程度以內。有的學生不喜歡看到別人遙遙領先，他們可能奮力去追趕，或是陷入失望，帶著主觀的情緒看待事情。這就是為什麼教師的建議和指導如此重要。教師一句恰當的話，就能把汲汲於競爭的學生引向合作之路。

因此，制定一個適當的班級自治計畫，會對於加強合作有所幫助。我們不必等學生完全準備好了才去做。我們可以先讓孩子觀察班上的情況，或者提出建議。但是，若是沒有做好相關的準備就讓學生進行完全自治，那麼我們會發現，他們在懲罰方面比教師更嚴格和嚴厲，或他們甚至會運用政治手段來為自己謀取好處和優越感。

要評價兒童在學校所取得的進步時，我們應該既考慮教師的意見，也要考慮孩子的意見。一個有趣的事實是，孩子在這方面具有良好的判斷力。他們知道誰拼寫最好，誰繪畫最好，誰運動最好。他們完全可以互相打分數。他們有時未必十分公正，不過，他們能夠意識到這點，並試著做到公正。最大的問題就是學生太看輕自己，他們會認為「自己永遠趕不上別人」。教師必須向他們指出這種自我評價方面的錯誤，否則，這會成為孩子終其一生的結論，永難改變。一個擁有這種觀念的孩子將永遠無法進步，只會停滯不前。

大多數孩子的學校成績總是變化不大：有些是成績最好，有些是最差，還有就是中等。這種變化不大與其說反映了他們的智力發展水準，不如說反映了孩子心態上的惰性。它說明了：兒童是自己局限自己，經歷了一些挫折之後便不再抱持樂觀態度了。不過，有些兒童的成績會偶爾出現一些相對明顯的變化，這個事實很重要：它表示兒童的智力發展水準並不是命中註定，一成不變的。學生們應該了解這一點，教師也應該教育他們懂得這個道理。

教師和學生都要破除一個迷信，即把智力正常的兒童所取得的成績歸因於特殊的遺傳。這也許是兒童教育中最大的謬誤，即相信能力是會遺傳的。當個體心理學率先指出這一點時，人們認為這只不過是我們的樂觀見解，並無科學根據。不過，現在越來越多的心理學家和精神科醫師開始相信我們的看法。能力會遺傳的說法太容易被父母、教師和孩子拿來當作擋箭牌了。每當出現困難，需要人們努力加以解決時，人們就搬出遺傳的因素來推卸責任。但是，我們沒有權利逃避我們的責任，我們應該永遠對那些旨在推脫責任的任何觀點抱持懷疑的態度。

每一個相信教育的價值的教育工作者、相信教育可以培養一個人的性格的教育工作者，都不會毫無保留地接受這種遺傳的說法。我們這裡並不關心身體上的遺傳。我們知道，器官的缺陷，甚至器官能力上的差異是會遺傳的。不過，器官的功能和人的心智能力之間是如何連結的？個體心理學堅持認為，心智會體驗到器官所具有的能力水準，並對它做出反應或處理。不過，有時候心智對於器官的能力太過在意——它被器官的缺陷給嚇壞了，以至於當器官缺陷消除之後，心智的恐懼還會持續著。

人們總是喜歡追本溯源，喜歡探究事物發展的根本。不過，在評價一個人的成就時，這種追本溯源的癖好（相信能力會遺傳）卻是一種誤導。這種思維方式常見的謬誤是，忽略了我們的祖先有很多很多，忽略了在我們的家族世系中，每一代都有父母兩人。這樣，如果我們上溯到第五代，那麼就有六十四位祖先，這六十四位祖先當中毫無疑問會有一位可以將其後人的才能歸因於他的聰明才智；如果我們上溯到第十代，就會有四千零九十六位祖先，其中我們一定可以發現至少一位是對於其後人的才能有所貢獻。當然，我們也不要忘記，出類拔萃的祖先所留給家族的傳統和門風，所帶來的影響和遺傳很相似。由此，我們可以理解，為什麼有些家族比其他家族更人才輩出。很顯然，這並不是因為遺傳，而是因為家族的傳統和門風。我們只要回顧一下過去歐洲的情況，就可以明白這個道理，因為那時的孩子往往被迫繼承父親的事業。如果我們忽略了這個社會機制，那麼就很容易被遺傳作用的統計數字牽著鼻子走。

除了關於能力會遺傳的錯誤觀念之外，兒童發展的另一個最大障礙來自家長對他們成績不佳的懲罰。如果一個孩子的成績不好，他會發現老師並不怎麼喜歡他。他在學校為此苦惱，回到家裡又會遭受家人的責備。父母會批評他，甚至還會打他。

教師應該清楚，一張成績很差的成績單對孩子造成的後果是什麼。有些教師以為，如果學生必須把那樣的成績單拿給父母看，他們一定會更加努力。不過，這些教師忘了有些家庭的特殊情況。有些孩子的家庭教育極為嚴格，甚至嚴厲。這種家庭的孩子會猶豫是否要把不好的成績單帶回家。結果，他可能根本不敢回家；最極端的情況下，他甚至會因為害怕父母責備而走上自殺之路。

教師不需要對學校制度負責，而且，他們可以用自己的同情和理解來緩和學校制度非人性和嚴苛的一面。教師可以對那些具有特殊家庭背景的孩子寬容一點，鼓勵他們，而不是把他們趕上絕路。那些成績老是不好的孩子會感到沮喪和壓抑，別人不停地說他是學校最差的學生，結果他自己也這麼認為。設身處地想想，我們就很容易了解為什麼這些孩子不喜歡學校。這也是人之常情。如果一個孩子總是被批評，成績又不好，也喪失了趕上其他同學的信心，那麼他當然不會喜歡學校，而會設法逃離學校。因此，一旦遇到這種孩子翹課曠課，我們也不用太驚訝。

雖然我們不用對這種情況感到恐懼驚慌，但應該要知道其中的含義。我們應該知道，這是一個糟糕的開始，尤其是這種情況通常會發生在青春期的孩子身上。為了使自己不受責罰，他們會塗改成績單、翹課曠課等等。他們會和同類學生混在一起，形成幫派，並逐漸走上犯罪之路。

如果我們接受個體心理學的觀點，即沒有不可救藥的孩子，那麼，這一切都是可以避免的。我們認為，總是可以找到方法來幫助這類孩子。即使是在最糟的情況下，也總會有解決之道。當然，關鍵是我們要去尋找。

對於學生留級的壞處，幾乎不用我們去說。教師一般都會認為，留級生會給學校和家庭帶來問題。雖然情況並不總是如此，但很少有例外。絕大多數的留級生都不止一次地重讀——他們總是落後班上同學，因為他們的問題總是被迴避掉，從未獲得解決。

在什麼情況下才讓孩子留級，這是個困難的問題。有一些教師成功地避免了這個問題。他們利用假日來輔導孩子，找出他們人生風格中的錯誤並加以矯正，使得這些孩子能順利升級。如果在學校裡有這種特別的輔導老師（tutor）的制度，那麼這種方法值得推廣。我們有社會工作者、上門給孩子家教的老師，卻沒有這種補課的輔導老師。

在德國沒有上門給孩子家教的制度，我們似乎不需要這種教師。公立學校的任課教師對孩子的情況最了解，如果他們懂得如何正確觀察，就會比其他人更了解班級的實際情形。有人會說，因為班級裡的人數太多，任課教師不可能了解每一個學生。不過，如果我們從孩子一入學就開始觀察他們，我們就能很快認識到他們的人生風格，這樣也可以避免一些後來觀察的困難。即使是班級人數眾多，應該也做得到。顯然，我們了解這些孩子要比不了解時更能好好教育他們。班級人數過多當然不是一件好事，應該加以避免，不過，這並不是一個難以克服的障礙。

從心理學的角度來說，我們最好不要每年更換教師，或像有些學校那樣，每隔半年就更換教師。教師最好是隨班，隨學生進入新的年級。如果一個教師能執教同樣的學生兩年、三年或四年，這會大有幫助。因為這樣一來，教師就有機會密切地觀察和了解所有的孩子，就能知道每個學生的人生風格中的錯誤，並能加以矯正。

有些學生會跳級。跳級是否有好處，還沒有定論。通常這些學生跳級之後並不能滿足自己過高的期望。只有那些在班上年齡相對較大的孩子，才可以考慮讓他們跳級。那些曾經留級後來又努力趕了上來而且成績出色的孩子，也可以考慮讓他們跳級。我們不能因為學生學業成績好或因為他懂得比別人多，而把跳級當作一種獎賞。如果這些成績出色的孩子把一些時間投入到課外學習如繪畫、音樂等，這對他們更有好處。這對整個班級也有好處，因為對於其他學生也是個激勵。把班上的好學生抽走並非好事。有人說，我們總是要促進聰明傑出的學生的發展，對此，我們並不贊同。相反地，我們認為，正是那些成績優異的學生帶動了整個班級的進步，並賦予班級進步更大的動力。

探討一下前段班（advanced class）和後段班（backward class）學生的發展狀況也很有意思。我們會驚訝地發現，前段班的一些學生的智力實際上很有問題，而後段班的學生也並非像多數人所認為的智力較低，而是因為他們出身貧困家庭。貧困家庭的孩子一般在學校都被認為成績很差，那是因為他們對於進入學校缺乏準備。這很容易理解。他們的父母過於操勞和忙碌，沒有時間關注自己的孩子，或這些父母所受的教育不足以勝任這樣的任務。這些缺乏準備的學生不應該就這樣被編入後段班。對孩子來說，編入後段班是一種不好的標記，並總會受到同伴的取笑。

照顧這種孩子的較好方法就是利用輔導老師，這個剛才已經提過。除了輔導教師外，我們還應該有兒童會所（club），讓孩子們在這裡得到額外的輔導。他們可以在這裡做家庭作業、玩遊戲、閱讀等等。這樣他們可以鍛鍊勇氣，獲得自信，而不是他們在後段班所體會到的灰心喪志。如果再給這種會所配備更多的遊樂場地，就可以使這些孩子完全遠離街道，避免不良環境的影響。

男女同校的問題也一直是所有教育實踐爭論中會遇到的問題。有人指出，我們原則上應該促進男女同校的發展，這是男女學生互相了解的一種好方法。不過，認為男女同校可以任其發展的觀點，則大謬不然。男女同校會涉及一些特殊問題，需要加以考量，否則其缺點會大於優點。例如，人們通常會忽略一個事實，即女孩子在十六歲之前要比男孩子發育成長得更快。如果男孩子不能了解這一點，那麼，當他們看到女孩子成長比他們快的時候，往往會心理失去平衡，和女孩子展開愚蠢的競爭。諸如此類的事實，學校的管理者和任課教師都必須在他們的工作中加以考量。

如果教師喜歡男女同校，並且能理解其中可能產生的問題，那麼，男女同校也可能很順利。不過，如果教師不喜歡男女同校，也因此感覺是一種負擔，那麼，他們的教育和教學就必然失敗。

如果男女同校的制度管理不善，對孩子們又缺乏正確的引導和管理，那麼必然會產生性方面的問題。我們將在第十二章詳細討論學校的性教育問題。這裡我只想指出，性教育的問題極為複雜。事實上，學校並不是性教育的合適場所，因為當教師面對整個班談論性問題的時候，他們不知道學生的個別反應。當然，如果學生私下詢問性方面的問題，就另當別論。如果女孩子詢問這方面的情況，教師應該給予正確的答案。

在偏離主題來討論多少是屬於教育的管理方面的問題之後，我們再回到本章問題的核心。透過了解兒童的興趣和發現他們所擅長的科目，我們總是可以找到如何教育他們的方法。成功會引發更多的成功，對教育是這樣，對人生的其他方面也是如此。也就是說，如果一個孩子對某一學科感興趣，並取得了成功，那麼，這會激勵他嘗試去學好其他科目。教師的一個職責就是利用學生的成功去激勵他去接觸更廣泛的知識。光靠學生自己很難做到這點，很難依靠自己來提升自己，這就像我們從無知邁向有知時會感到困惑而需要幫助一樣。不過，教師能在這方面給學生幫助。教師若能這麼做，他們會發現學生會了解，並積極地配合和合作。

上面關於找出孩子感興趣科目的討論，同樣也適用於孩子的感官發展。也就是說，我們必須找出孩子最常使用的感覺器官，找出他們喜愛哪種感覺類型。許多孩子在視覺上受到良好的訓練，有些孩子則在聽覺上受到良好訓練，還有些是在運動方面受到良好訓練，等等。近年來，流行一種所謂的勞動學校（manual school），這些學校奉行一種正確原則，即把科目教學和眼耳手的訓練連結起來。這些學校的成功，顯示了運用孩子的感官興趣的重要性。

如果教師發現一個孩子偏愛用眼睛，屬於視覺類型，他就應該使所教科目的內容便於眼睛的使用，例如地理，因為這孩子看的效果要比聽的效果好。這只是教師觀察學生所獲得的洞見之一。教師還可以透過觀察獲得其他的洞見。

總之，理想的教師有一個神聖的、激動人心的使命：他鑄造學生的心靈，人類的未來也掌握在他們手中。

不過，我們如何從理想邁向現實呢？僅僅建構理想的教育是不夠的，我們還必須找到一種方法來促進理想的實現。很久以前，本書的作者就在維也納開始尋找這樣的方法，而在學校裡成立教育諮詢診所。（注：參見阿德勒及其助手所著《引導兒童》〔*Guiding the Child*〕，格林伯格出版社〔Greenberg Publishers〕，紐約，一九三〇年。

這本書中詳細記錄了診所的歷史和諮詢的技巧，以及診所取得的成果。）

這些診所的目標就是用現代心理學的知識，為教育系統提供服務。診所會在一定的日子舉辦諮詢活動：由一位不僅懂得心理學、也了解教師和父母的生活情況的傑出心理學家，和教師們一起參與活動。教師們聚集在一起，每個人都提出一些問題兒童的案例，如懶惰、擾亂課堂紀律、偷東西，等等。教師先描述一個具體案例，然後由心理學家提出他自己的經驗和知識，並展開討論，其中包括問題的原因是什麼？問題什麼時候出現？應該怎麼做？這需要對這個孩子的家庭生活和整個心理發展史加以分析。最後把各種資訊綜合起來，對一個具體的問題兒童做出一個具體的矯正決定。

到了下一次的諮詢活動時，就請這個孩子和其母親來參加。在準備好與母親應對的方式之後，先請母親進來。這位母親聽取了她的孩子遭遇挫折的原因解釋，接著，由這位母親講述孩子的情況，再由心理學家和她討論。一般來說，母親看到別人對她的孩子的案例感興趣應該很高興，並樂於合作。如果這位母親不夠友善，並懷有敵意時，教師或心理學家可以提醒一些類似的案例或其他母親的情況，設法化解她的反抗情緒。

最後，對於如何幫助孩子取得了共識之後，再請孩子進來。教師和心理學家都在場，心理學家和他談話，但並不談他的錯誤。心理學家就像在課堂上課一樣，以一種孩子能理解的方式客觀地分析問題、問題的原因和導致他受挫的觀念和想法。心理學家幫助孩子了解他為什麼受挫，而其他孩子受到偏愛；為什麼他對成功不抱希望，等等。

這種諮詢方法持續了將近十五年，在這方面受到訓練的教師非常滿意，也不想放棄持續了四年、六年或八年的工作。

孩子們則在這種諮詢活動中得到雙重的收穫：原來的問題兒童恢復了心理健康，他們學會與人合作，並恢復了勇氣和自信。那些沒有去諮詢診所接受諮詢的學生也獲益匪淺。當班上有個潛在問題發生的時候，教師會提議孩子們對此展開討論。當然，教師要主導這個討論，而孩子們參加討論，都有充分的機會表達意見。他們開始分析某個問題的原因，比方說問題是班上學生的懶惰。最後他們會得出結論。這個懶惰的孩子並不知道他就是討論的話題，但仍會從眾人的討論中獲益良多。

這個簡短的總結顯示了把心理學和教育結合起來的可能性。心理學和教育是同一現實和同一問題的兩面，要指導心靈，就需要了解心靈的運作。只有那些了解心靈及其運作的人，才能運用他的知識，指導心靈走向更高、更普遍的目標。

第十一講 外在環境對兒童的影響

Influences from Outside

個體心理學在心理和教育方面視野廣闊，當然不會忽視外在環境的影響。古老的內省心理學太過狹隘，為了研究這種心理學所遺漏的事實，馮特（Wilhelm Wundt）認為有必要創建一種新的科學——社會心理學（Social Psychology）。不過，個體心理學並不認為有這個必要，因為個體心理學既注重個體心理，也不忽視外在的影響因素。它不只專注於個體心理，也會考慮影響心理的環境因素；它專注於環境因素，也不會排斥個體的獨特心理的重要性。

負有教育職責的人或教師，不應該認為他們是兒童唯一的教育者。外界的影響也會湧入兒童的心理，並直接或間接地塑造了他。也就是說，外界因素是透過影響父母及其心理狀態，來影響兒童的心理。外在影響是不可避免的，因此，個體心理學必須加以考慮。

首先，所有的教育者都必須考慮到經濟因素對兒童心理的影響。例如，我們必須記住，有些家庭好幾代都經濟窘迫，總是滿懷痛苦地掙扎度日。這種家庭為這種痛苦和悲傷所籠罩，因而不可能教育孩子抱持一種健全的、合作的人生態度。他們飽受心靈的壓抑，總是苦於經濟困境，因而不可能有合作的心態。

另一方面，我們也不要忘記，長期的半饑餓或惡劣的環境會對父母和兒童的生理產生不利影響，而且這種生理影響反過來又會對心理產生巨大影響。這可以從第一次世界大戰後歐洲出生的兒童身上看出，這些孩子的出生和成長的環境要比他們的上一代更為艱難。除了經濟環境及其對兒童成長的影響外，我們也不要忽視父母對生理衛生的無知而帶來的影響。這種無知和父母親小心翼翼及溺愛的態度很有關係。父母溺愛孩子，擔心他們受苦。但有時他們又比較粗心，例如他們會認為，脊柱彎曲會隨著年齡增長而消失。他們並沒有及時帶孩子去看醫生。這當然是一個錯誤，特別是有些城市並不缺乏醫療設施。身體狀況不佳如果得不到及時治療，可能會成為嚴重而危險的疾病，並可能留下心理創傷。從個體心理學的觀點來看，每個疾病都是心理上一個「危險的暗礁」，因此，要盡量加以避免。

如果「危險的暗礁」未能避免，我們可以藉由發展兒童的勇氣和社會情感來降低它的危險性。事實上我們可以說，只有當一個兒童缺乏社會情感時，生理疾病才會對心理產生影響。對於一個感到自己是環境的一分子的兒童，危險的疾病對他心理的影響，不會像這種疾病對一個被溺愛的孩子的影響那麼強烈。

病例經常顯示，那些得了百日咳、腦炎或舞蹈症（chorea）的孩子，其心理都開始出現問題。人們以為是疾病造成這些心理問題，不過，疾病實際上只是誘發了這些孩子潛在的性格缺陷。患病期間，孩子感受到了自己的力量，他發現他可以控制家人。他看到了父母臉上的擔憂和焦慮，知道那完全是為了他。病癒之後，他仍想繼續成為關注的焦點，並以各種方式控制父母以達到這個目的。這當然只發生在那些缺乏社會情感訓練的兒童身上，因為他們需要以此來表現自我。

不過，有趣的是，疾病有時候卻能夠改善兒童的性格。這裡有個關於一位教師的次子的案例。這位教師曾經很為這個孩子擔憂，卻又束手無策。這孩子有時會蹺家，他總是班上成績最差的學生。有一天，這位父親帶他去管教所改造，卻發現這孩子得了髖關節結核病。這是一種需要父母長時間悉心照料的疾病。這孩子最終病癒後，卻變成了家裡最乖的孩子。這孩子所需要的就是父母的額外關注，而疾病期間他得到了這種關心。

他以前不聽話的原因，就是他感到自己活在很有才華的哥哥的陰影之下。因為他沒有像哥哥那樣得到家人的喜歡，所以才不斷地反抗。不過，疾病使他相信，他也可以像哥哥一樣得到父母的喜愛，因此，他就學會了用良好行為來獲得父母的關注。

還應該注意的是，疾病經常會給兒童留下難以磨滅的印象。兒童對於諸如危險的疾病和死亡等事情，常感到震驚和震撼。疾病留在心靈的印記，會在往後的生活中顯現出來，因為我們發現，有些人只對疾病和死亡感興趣。其中一部分人會找到發揮自己對疾病感興趣的正確之道，他們成了醫生或護士；但更多的人卻一直擔心害怕，疾病的陰影在他們的心中揮之不去，嚴重妨礙他們從事有益的工作。對一百多名女孩的調查顯示，將近百分之五十的人承認，她們一生中最大的恐懼就是想到生病和死亡。

因此，父母要注意避免孩子在童年期間太受到疾病的影響。他們應該讓孩子對這類事情有所準備，避免他們受到疾病突如其來的打擊。應該給孩子這樣的印象：生命縱然有限，但也足夠讓你活得有意義。

兒童生活中的另一個「暗礁」是跟陌生人、家庭的熟人或朋友的接觸。跟這些人接觸之所以會對兒童的心理產生不良影響，是因為這些人實際上並不真正對孩子感興趣。他們喜歡逗孩子開心，或在最短時間內做一些可以給孩子留下印象的事。他們對孩子的高度讚揚，會使孩子變得自負起來。這些人在與孩子短暫相處中，會盡力寵愛、縱容他們，從而會給孩子的正常教育帶來麻煩。所有這些都應該避免。不應該讓陌生人干擾了父母的教育方法。

另外，陌生人還常常會弄錯孩子的性別，稱小男孩是「美麗的小女孩」，或稱小女孩為「漂亮的小男孩」。這也應該避免，理由會在下一章討論。

家庭的環境對於兒童的成長自然也非常重要，因為它讓孩子看到家庭對於社會生活的參與程度。換句話說，家庭環境會給孩子關於合作的最初印象。那些生長在封閉的、不與人交往的家庭的孩子，通常會在家人和外人之間劃上明顯的界線。他們感到似乎有一條鴻溝把他們的家庭和外部世界割裂開來，也自然會用充滿敵意的眼光來看外面的世界。這種家庭不會增進與外部世界的社會關係，只會使孩子疑心很重，並只從自己的利益出發來看待外部世界。這當然會阻礙兒童的社會情感的發展。

孩子到了三歲時，就應該鼓勵他們和其他孩子一起玩遊戲，應該訓練他們不害怕陌生人。否則，這些孩子以後與人交往時可能會臉紅、膽怯，並對他人懷有敵意。這通常會發生在被寵壞的孩子身上，這種孩子總想「排除」他人。

對於這些毛病，父母若能較早注意並且矯正，就能為孩子以後的生活免去很多麻煩。如果一個孩子在三、四歲間受到良好的養育，如果他們被鼓勵和其他孩子一起玩遊戲，具備團體精神，那麼他不僅不會在與人交往時臉紅、膽怯和自我中心，也不會患上精神官能症（neurosis）或精神錯亂。只有那些生活封閉、對人不感興趣和無法與人合作的人，才會患上精神官能症和精神錯亂。

在討論家庭環境對孩子成長的影響時，我們應該提一下家庭的經濟狀況變化對兒童的不利影響。如果富裕之家墮入困頓，特別是孩子年幼時家庭經歷這種變故，會給孩子的成長帶來明顯的不利影響。這種變故對於被寵壞的孩子來說尤其難以忍受，因為他過去已經習慣了被人寵愛和關注。他不免會懷念以往的優渥生活，哀傷它們的逝去。

家庭突然變得富有，也可能對孩子的成長不利。這樣的父母可能對合理使用財富方面還沒有做好準備，尤其可能在金錢方面對孩子造成不良的影響。他們想給孩子好生活，寵愛並縱容他們，因為他們覺得現在不需要對錢財吝嗇了。結果，我們經常會在這種暴發戶家庭發現問題孩子。這類型的孩子在問題兒童當中是鑾令人頭痛的典型。

如果能適當地訓練孩子的合作精神和能力，諸如以上的問題甚至災難，都是可以避免的。所有這些（外在）處境猶如一個個敞開的大門，兒童藉以逃避合作精神和能力方面的訓練，對此，我們要特別留意。

不僅外在的物質環境，如貧窮和暴富會對孩子產生心理影響，心理環境的異常也會對兒童的成長帶來困難。對此，我們首先想到的是對於某些家庭處境的心理偏見。這種偏見大多來自於家庭成員的不良行為，例如，父親或母親做了社會道德所不容許的事情。這會對孩子的心理產生極大影響。他會對未來感到害怕和恐懼，總是想避開同伴，擔心被人發現是這種父母的孩子。

身為孩子的父母，我們不僅有責任教育孩子閱讀、寫字和做算術，還要為他們創造一個健康成長的心理氣氛，這樣，孩子就不會比其他孩子承受更大的困難。因此，如果父親是個酒鬼，或脾氣暴躁，他就應該意識到這樣會影響到他的孩子。如果父母的婚姻不幸福，總是吵來吵去，為此付出代價的將是孩子。

這些童年經歷會銘刻在孩子的心靈深處，很難從記憶中抹去。當然，如果孩子能學會與人合作，這些經歷的影響也可以消除。但是，有些經歷所造成的創傷卻會阻礙他向父母學習。這也是近年來興起一股風潮，在學校中成立兒童諮詢診所的原因。如果父母因為某種原因而無法履行自己的職責，那麼，經過心理學訓練的教師將承擔起這個責任，指導孩子走向健康的生活。

除了產生於個別環境的偏見之外，還有源於國家、種族和宗教的偏見。我們總會發現，這種偏見不僅傷害被侮辱的兒童，也會傷害侮辱他人的人。後者會變得自大和自負；他們會認為自己屬於優越的群體，並在生活中嘗試去實踐自己樹立的優越目標，但他們終究不會成功。

這種民族之間和種族之間的偏見，許多戰爭都是因此而起。如果要拯救人類的進步和文明，就必須根除釀成這種人類大禍的偏見。對此，教師的任務是闡明戰爭的真實原因，而不是輕易給孩子機會去利用動刀動槍來表達自己對於優越感的追求。為了未來的文明生活，不應該這麼做。許多孩子後來投身軍旅，多是童年時代軍事教育的結果；除了這些從軍的孩子之外，還有無數的孩子會因為年少時玩打打殺殺遊戲的影響，而在後來的生活中心理殘缺不全。他們總是像戰士一樣好勇鬥狠，始終無法學會與人相處的藝術。

在聖誕節或其他節日，父母尤其要注意該送給孩子什麼玩具。父母應該杜絕孩子玩刀槍棍棒和戰爭遊戲，也要避免他們閱讀崇拜戰爭英雄及其事蹟的圖書。

關於如何選擇適當的玩具，有很多可以討論。不過，原則上我們應該挑選那些能夠激勵孩子的合作意識、建設性精神和能力的玩具。孩子自己製作玩具，當然會比玩現成的玩具例如布娃娃和玩具狗，更有意義和價值。順便指出，還要教育孩子尊重動物，不要把牠們當作玩具，應該把牠們視為人類的朋友，教育他們既不要害怕動物，也不要任意驅使和虐待動物。如果孩子虐待動物，我們會認為他有欺負弱小的傾向。家裡若有小鳥、小狗和小貓等動物，我們要教育孩子把牠們看作和人類一樣會感覺到痛苦。我們可以把孩子學會與動物相處，視為他們與別人進行社會合作的準備階段。

孩子的成長中，總會有一些親戚來家裡走動。首先就是祖父母。我們必須以冷靜的態度來看這些祖父母的處境。在我們這個時代，祖父母的地位有一點悲劇色彩。隨著年歲增長，他們本該有更多的擴展空間，有更多的事務和興趣。不過，我們的時代卻完全相反。老人感到被社會拋棄，被晾在一邊，被堆到角落裡。這非常可惜，因為他們還可以做更多的事，如果有更多工作的機會，毫無疑問他們會更幸福，更快樂。我們不應該建議一個六十、七十或八十歲的人，從自己的事業上退下來。繼續他的事業，顯然要比改變他一生的計畫要容易得多。不過，由於錯誤的社會風俗，我們卻把那些仍充滿活力的老人晾在一邊。我們不再給他們繼續表現自我的機會，這樣會產生什麼結果呢？我們對待老人的錯誤便殃及孩子。祖父母總是想證明他們仍然充滿活力，對這個世界是有用的。因此，他們總是想干預孫子女的教育，並用一種災難性的方式，去證明自己仍然懂得如何教育孩子，也就是對孩子極度寵愛。

當然，我們應該避免傷害這些好心老人家的感情。我們應該給予這些老人更多的活動機會，但要讓他們知道，孩子需要做為一個獨立的個體而長大成人，孩子不應該是他人的玩物，也不應該把他們牽扯進家庭的糾紛裡。如果老人和孩子的父母發生爭論，那就讓他們去爭論吧！但是，千萬不要把孩子捲進去。

我們經常發現，那些患有心理疾病的人，大多曾是祖父或祖母的「最愛」。我們很容易理解，為什麼祖父母的「疼愛」會導致孩子後來的心理疾病。因為所謂「最愛」要麼意味著溺愛縱容，要麼意味著挑起孩子之間的互相競爭或猜忌。許多孩子會自認為「我是祖父的最愛」，這樣一來，他們一旦不是其他人的「最愛」時，就會感覺受傷害。

在其他對孩子的成長產生影響的親戚中，還有一種很重要，那就是「聰明的表兄弟姊妹」。他們也會給孩子的成長帶來麻煩，有時他們不僅聰明，而且漂亮。當人們對一個孩子提起他的表兄弟或表姊妹不僅聰明且漂亮時，不難想像，這會給孩子帶來苦惱。如果這個孩子自信且具有社會情感，他就能理解，所謂聰明只意味著「獲得了較好的訓練或準備」，那麼，他自己也會找到趕上去的方法。不過，如果他像多數人一樣，認為聰明是上天賜予的，是天生的，那麼，他就會感到自卑，感到命運不公平。這樣一來，他的整個成長就會受到阻礙。長得漂亮當然是上天的饋贈，不過，它的價值卻被當代文明社會過於誇大了。我們可以從兒童的人生風格中看到這種錯誤，他因為長相不如漂亮的表兄弟而深感痛苦，於是在心理上產生了不利影響。甚至二十年後，人們仍能強烈地感到對漂亮的表兄弟（或表姊妹）的嫉妒和羨慕之情。

要消除這種因他人外表美麗而給孩子成長帶來傷害的唯一方法，就是教育孩子了解，健康和與人相處的能力要比外在美更重要。不用說，外在美有其價值；相對於醜陋的外表，我們更欲求美麗的外表。不過，我們在對生活進行理性的規劃時，不應把一種價值和其餘的價值隔離開來，還把它當作是最高目標。對於外在美，也應該作如是觀。想要擁有理性的好生活，光靠外在美是不夠的。實際上，在犯罪者中，除了一些相貌醜陋的人之外，也有一些外表非常漂亮的孩子。我們可以理解為什麼這些外表漂亮的孩子走上犯罪之路：他們知道自己漂亮，討人喜歡，便認為自己可以不勞而穫。因此，他們對於生活準備並不充分。後來他們發現，不經努力就不能解決自己的問題，於是，就選擇了一條最不用努力的路，也就是犯罪。就像詩人維吉爾（Virgil）所說：「通向地獄之路最為容易……」

這裡還應該對孩子的讀物說上幾句。什麼樣的書才可以給孩子閱讀？童話故事應該如何處理才能給孩子閱讀？像《聖經》這樣的書如何讓孩子閱讀？這裡主要的一點是，我們通常忽略一個事實，即孩子對事物的理解和成人完全不同。我們也會忘記，孩子是根據自己獨特的興趣來理解事物的。如果他是一個膽小的孩子，他就會在《聖經》和童話故事中尋找贊成他膽小的故事，從而使得他永遠膽小。童話故事和《聖經》的段落，需要加上評論和解釋，使得孩子理解其原意，而不是讓他主觀臆測。

童話故事當然是孩子喜愛的讀物，甚至成人也能從中受益。不過，有一點需要指出，即產生於特定時空的童話故事與現代生活的差距。兒童一般很難理解其中的時代差異和文化差異。他們閱讀的是在完全不同的時代創作的故事，並沒有考慮到世界觀的差異。故事裡總有一個王子，這個王子也總是受到讚揚和美化，他的整個性格總是以迷人的方式展現出來。這類故事當然是子虛烏有。不過，這種理想化的虛構，對於一個需要對王子進行崇拜的時代是恰當的，合宜的。這些事情應該向兒童告知，要告訴他們，在這些童話故事的背後是人們的想像和幻想，否則，他們在成長過程中，總是想尋求不費力氣的捷徑。例如，有人問一個十二歲的男孩他想成為什麼，他回答說：「我想成為一個無所不能的魔術師。」

如果加上適當的評論，童話故事可以做為刺激兒童合作精神和擴展視野的工具。關於電影，帶一個一歲兒童去電影院看電影完全不會有什麼問題。不過，稍大的孩子就可能誤解電影的內容。他們甚至會經常誤解童話劇的含義。例如，一個四歲的孩子曾在劇院看過一齣童話劇，多年以後，他仍然相信這個世界上存在賣毒蘋果的婦人。許多孩子不能正確理解電影的主題，或對電影作出倉促、草率的結論。父母應該解釋給他們聽，直到確信他們已經正確理解了電影的內容。

報紙也是孩子成長的一種外在影響因素。報紙是為成人而設，並不反映孩子的觀點，因此，應避免孩子閱讀報紙。不過，也有一些針對兒童的報紙，這當然是好事情。普通的報紙常常給那些準備不足的孩子一種扭曲的生活畫面，使這些孩子相信，我們整個生活是充滿謀殺、犯罪和各種事故。各種不幸事故的報導，尤其令孩子感到心情沉重。我們可以從很多成年人的談話中得知，他們童年時是多麼恐懼火災，這種恐懼又是多麼持久地困擾他們的心靈。

上面只是選擇了教育者和父母在教育兒童時必須注意的幾個方面，它們只是影響兒童成長的外在因素中的一小部分，卻是最重要的部分，說明了這些因素影響兒童成長的一般原理。在這裡，個體心理學還是要重提其最基本的概念：「社會興趣」（social interest）和「勇氣」。這兩個基本概念對這裡的問題，就像對其他的問題一樣適用。

第十二講 青春期和性教育

Adolescence and Sex Education

12

談論青春期的圖書可謂多不勝數。這個主題確實很重要，但這裡所說的重要並不是人們通常所想像的。我們每個人青春期的表現不盡相同。我們會在班上發現各種類型的孩子：有的積極進取，有的懶惰笨拙，有的整齊乾淨，有的邋遢骯髒，等等。我們也發現，有些成人，甚至老人的言行舉止仍像青春期的孩子。從個體心理學的觀點來看，這並不令人驚奇，它只是意味著這些成人在某個人生階段停止了成長。實際上，在個體心理學看來，青春期只是所有個體必經的一個成長階段而已。我們並不認為成長的任何階段或遭遇的任何環境，會改變一個人。它們只是一種測試——一種**新的情境**，能夠把過去所形成的性格特徵顯現出來而已。

例如，有些孩子童年時被看管太嚴，他們未曾體會到自己的力量，也不能表達自己的想法。一旦到了青春期這個快速的生理和心理發展期，這種孩子的言行舉止就像擺脫了鎖鏈一般快速成長，人格也更進一步發展。相反地，有些孩子卻在青春期停止了成長，並回顧和依戀過去，找不到當下成長的正確之道。他們對生活喪失了興趣，變得非常內向。他們沒有表現出童年時被壓制、而在青春期尋求發洩的能量爆發的跡象，相反地，卻表現出他們在童年時受到溺愛，因而沒有為生活做好適當的準備。

我們在青春期，比以前的任何階段更能看出一個人的人生風格。這當然是因為青春期比起童年離真正的成人更近，這時我們更容易看到他對生活的態度，看到他是否容易結交朋友，是否對他人抱有社會興趣。

有時一個人雖具有社會興趣，但是會以誇張的形式表現出來。這些處於青春期的孩子的社會興趣失去了平衡，一心只想為了他人而犧牲自己。他們的社會興趣過於強烈，從而會阻礙他們自己的成長。我們知道，一個人若是真的對他人感興趣，並且願意為大眾做些什麼，他首先必須把自己的事情做好，他必須有東西可貢獻給社會，如果這種貢獻真的有內容、有價值的話。

另一方面，我們看到，許多在十四到二十歲之間的青少年喪失了社會興趣。他們十四歲離開學校，便失去了與老同學和老朋友的接觸和聯繫，而建立新的人際聯繫又需要很長的時間。在這段時間，他們感到與社會完全的隔離。

接下來是職業問題。青春期會顯示出一個人的職業態度。我們會發現，有些青少年開始變得獨立自主，工作出色，顯示他們走上了健康的發展之路。相反地，有些人則在青春期停止了成長。他們不能為自己找到合適的職業，不斷掙扎——要麼換工作，要麼換學校，等等。要不然就是無所事事，根本不想工作。

這些問題並不是在青春期才產生的，只是在青春期才清晰地浮出水面而已，它們是過去形成的。如果我們真正了解一個孩子，如果我們給他更加獨立地表達自我的機會，而不是像童年時那樣處處被監視、監護和限制，我們就能預測他在青春期的表現。

我們現在轉向個體生活中的第三個問題：愛情與婚姻。一個青少年對這個問題的回答，揭示了他人格中的什麼情況呢？問題的答案仍然與他青春期之前的生活密切相關，只不過青春期強烈的心理活動使得這個答案更清晰了。我們會發現，有些青少年完全清楚自己應該如何表現，對待愛情問題，他們或是浪漫，或是勇敢。而不管是浪漫還是勇敢，他們都顯示了正確對待異性的行為規範。

有些青少年則處於另一種極端。他們對待性的問題非常羞怯。越是接近真實的成人生活，他們越表現出對這個問題缺乏準備。他們在青春期的人格表現，使得我們能夠對他們將來的生活做出可靠的判斷。如果想改變他們的未來生活，我們當然知道應該採取什麼措施。

如果一個青少年對異性表現出非常消極的態度，我們只要探尋他過往的生活，就會發現他也許曾是一個好鬥的孩子。他可能曾經感到非常沮喪，因為父母更偏愛其他的孩子。結果，他認為自己應該勇往直前，傲慢自大，拒絕一切訴諸感情的事。因此，他這種對於異性的態度是他童年經驗的體現。

我們經常發現，很多青春期的孩子渴望離開家庭。這是因為他們對家裡的情況感到不滿，便想找機會斷絕與家庭的聯繫。他們不再想被家庭供養，雖然這種供養對於孩子和父母都很有好處。否則，萬一孩子遇到了難以克服的困難，他們會把這種失敗歸因於缺乏父母的幫助。

同樣的離家傾向還表現在一些住在家裡的孩子身上，只是這些孩子的離家渴望沒那麼強。他們會利用每一個可能的機會不回家過夜。當然，晚上外出的誘惑是很大的，比起乖乖地待在家裡更容易找到樂子。這也是對家庭無聲的指控。他們在家裡感到不自由，覺得總是受到監視和看管。他們從來沒有機會表現自我，也沒有機會發現自己的錯誤。青春期是孩子開始表現自我的危險時期。

在青春期，許多孩子會比以前更強烈地感到自己突然喪失了他人的欣賞。也許他們在學校一直是個好學生，受到老師的高度賞識；接著他們突然進入一所新學校，或轉到一個新的社會環境，或轉換一份新職業。我們知道，很多優秀的學生在青春期並未繼續保持優秀。他們似乎是經歷了一場變化，而實際上，這裡沒有變化和中斷，只是過去的環境不像新環境那樣顯示出他們真實的性格罷了。

由此可知，阻止青春期的孩子出現這些問題的最好方法之一就是培養友誼。孩子之間應該成為好朋友或好伙伴。孩子也應該與家庭成員之外的人交朋友。家庭成員之間應該相互信任。孩子也應該信任父母和教師。實際上，在青春期，只有那些一直是孩子的朋友和同情他們的父母和教師，才能繼續引導他們。除此之外的父母或教師若是想指導他們，會立即被青春期的孩子拒之門外。孩子不會信任他們，把他們當成外人，甚至敵人。

我們會發現，到了青春期，有些女孩子會表現出厭惡自己的女性角色，她們喜歡模仿男孩子。這是因為模仿青春期男孩子的壞毛病，如抽菸、喝酒和拉幫結派，比模仿工作努力者要容易得多。這些女孩會藉口說，如果她們不模仿這些行為，男孩子就不會對她們感興趣。

如果對青春期女孩子的這種「男性抗議」加以分析，我們就會發現這些女孩即使在早年也從未喜歡過自己的女性角色。這種厭惡一直被掩蓋著，直到青春期才明顯地表現出來。因此，對青春期女孩子的這種行為加以觀察是非常重要的，因為我們由此可以發現她們如何看待自己將來的性別角色。

青春期的男孩子經常喜歡扮演一種聰明、勇敢和自信的男人角色。不過，也有些男孩子不敢面對他們的問題，不相信自己可以成為真正的、完全的男人。如果他們過去曾在男性角色教育上存在缺陷和不足，那麼，這種缺陷會在青春期暴露出來。他們會表現出脂粉氣十足，舉止像個女孩，甚至模仿女孩子的壞習慣，如賣弄風情、忸怩作態等等。

和這種男孩子極端的女性化類似，我們也可以發現，有些男孩子極端的男性化，把男性的人格特徵發展成極端的惡習。他們酗酒、縱慾，甚至只為了表現和炫耀他們的男子氣概而不惜犯罪。這些極端的惡習，常常表現在那些想獲得優越感、想成為領袖和想令人側目的男孩子身上。

儘管這種類型的男孩子氣勢洶洶，野心勃勃，但他們的內心通常都比較怯懦。近來美國就有一些惡名昭彰的例子，如希克曼（Hickman）、李奧波德（Leopold）和羅伯（Loeb）。研究一下這種人的經歷，我們就會發現，他們總是尋求一種不費力氣的生活，一種無需努力的成功。這種人雖然積極主動卻沒有勇氣，這恰恰是有罪犯特徵的孩子。

我們還經常發現，有些青春期的孩子會開始毆打父母。那些不去探討這種行為背後的人格統一性的人會認為，孩子突然變了。不過，如果我們對他們之前發生的事情做一番研究，就會發現他們的性格一直如此，並沒有變化，只是他們現在擁有了更多力量和更多的可能性來實現這樣的行為。

另一個值得注意的是，每個青春期的孩子都面臨一個考驗，即他感到必須去證明自己不再是個孩子。這當然是一個非常危險的感覺，因為每當我們感到必須去證明什麼的時候，我們就可能走得太遠，做得太過。青春期的孩子當然也是這種情形。

這確實是青春期孩子最關鍵的一個毛病。解決的辦法就是向他們解釋並指出，他們不必向我們證明自己不再是個孩子了，我們不需要這種證明。這樣，我們或許可以避免他們的過度行為。

我們經常會發現一種類型的女孩：她們會去誇大與異性的關係，變得「很哈男生」。這種女孩總是和母親爭吵，認為自己受到了壓制（也許真的受到了壓制）；為了惹母親生氣，她們會和任何自己遇到的男人交往。她們想到自己的母親一旦發現她們的所做所為而痛苦的樣子，就感到非常開心。許多因為和母親吵架、或父親過於嚴厲而離家出走的女孩子，會和男人發生初次性行為。

諷刺的是，那些對自己女兒過於監管的父母，本希望她們成為好女孩，沒想到她們卻成了壞女孩。這是因為父母缺乏心理學的洞見。錯誤不在於這些女孩，而在於她們的父母，因為他們沒有使自己的女兒為她們必然要遭遇的情境做好準備。他們過去總是想把她們保護起來，卻沒有訓練她們具有避免青春期陷阱所需要的判斷力和獨立性。

這些問題有時沒有出現在青春期，而是出現在青春期之後，例如，出現在後來的婚姻中。其中的原理是一樣的。這只是因為這些女孩比較幸運，在青春期沒有遇到類似的不利情境罷了。不過，這種不利情境遲早會發生的，關鍵是要對它有所準備。

這裡舉一個例子來說明青春期女孩子的問題。這個十五歲的女孩來自一個非常貧窮的家庭，不幸的是，她有個總是患病的哥哥需要母親照顧。這樣，她在很早的時候就感受到父母對她和哥哥之間關注的差異。她出生的時候，她爸爸也病了。於是，她母親不得不照顧父親和哥哥，這對於缺乏父母關注的女孩來說，無疑是雪上加霜。她看到哥哥和爸爸受到關注和照顧，內心也強烈地渴求這種關心和關愛，不過，她在家裡得不到這種關愛。特別是她妹妹不久又出生了，於是，她僅有的一點關注也被剝奪了。就像是命運的安排，她妹妹出生時，她爸爸便康復了，這樣妹妹便獲得了比她嬰兒時更多的關愛。這些事情通常逃不過孩子的眼睛。

這個女孩為了彌補父母關注的缺乏，便在學校努力讀書。她成了班上最好的學生，受到老師的關注。由於她成績好，老師建議她繼續升學，去讀中學。不過，在中學的時候，情況發生了變化。她的成績並不好，因為新老師並不認識她，自然也不會關愛她。而她卻極為渴求這種關愛，但現在不僅在家裡得不到，在學校也得不到了。她不得不到其他地方尋找這種關愛。於是，她便出去找個關愛她的男人。她與這個男人同居了兩個禮拜，男人很快就厭倦了她。後來的情況可想而知——她終於知道，這不是她想要的關愛。同時，她的父母很擔心她，四處找她。她父母突然收到她的一封信，信裡說：「我吞了藥。不要為我擔心——我很幸福。」顯然，在她追求幸福和關愛失敗之後，下一個想法就是自殺。不過，她沒有自殺，只是用自殺來嚇唬她的父母，並以此獲得他們的原諒。她繼續在街上遊蕩，直到父母找到她，並把她帶回家。

如果這個女孩像我們一樣能看到，她的整個生活是被一種追求關愛所主導，那麼，所有這些都不會發生。而且如果中學教師能了解到這個女孩成績好，了解她需要的就是一點關愛，那麼，悲劇也可能不會發生。如果在事情發生的任一環節中採取適當措施，都能挽救她的毀滅。

接下來，我們來談談性教育的問題。性教育的問題近來被過分地誇大了。許多人對於性教育這個議題幾乎到了瘋狂的地步。他們主張在每個年齡階段都要進行性教育，對性的無知會帶來極大的危險。不過，如果我們觀察一下我們自己和其他人過去在性教育方面的經驗，我們既看不到有這些人所說的問題，也沒有那麼大的危險。

個體心理學的經驗教導我們，在孩子兩歲的時候，應該告訴他們自己是男孩，還是女孩，還應該跟他們解釋，他們的性別是不可以改變的，男孩長大成為男人，女孩長大成為女人。孩子知道了這些，即使他們缺乏其他的性知識，也不會帶來多大的危險。只要讓孩子知道，女孩的教育不能以教育男孩的方式進行，反之亦然。這樣一來，性別角色就會固定在他的意識中，他也會以正常的方式發展和準備自己的性別角色。相反地，如果他認為透過某種戲法就可以改變自己的性別，那麼就會產生問題。而且如果父母老是希望改變孩子的性別，也會給孩子帶來麻煩。女同性戀小說《寂寞的井》（*The Well of Loneliness*）就有對這個問題的精彩描述——父母想要把女孩當男孩來教育，或把男孩當女孩來教育。他們把自己的孩子男扮女裝，或女扮男裝，為他們拍照。有時女孩長得像個男孩，周圍的人便以男孩來稱呼她。這會帶給她極大的困惑，但這是完全可以避免的。

我們還應該避免貶低女性，以及主張男性優越的論調。應該教育孩子了解男女是平等的，這點很重要，它不僅可以阻止女孩產生自卑情結，也可以阻止對男孩產生一些壞影響。萬一男孩被教育成認為男性優越，他們可能會把女孩當作只是一個宣洩欲望的對象。如果我們能教育他們認識到自己未來的責任，他們就不會用醜陋的眼光看待兩性關係。

換句話說，性教育的真正問題不僅僅是向孩子解釋性的生理知識，還要涉及正確的愛情觀和婚姻觀的培養。這個問題和孩子的社會興趣是密切相關的。如果他缺乏社會興趣，他就會對性玩世不恭，並完全從自我欲望的滿足來看待與性有關的事物。這種情況常常發生，也反映了我們文化的缺陷。女性是受害者，因為我們的文化更有利於男性掌握主導權。不過，男性實際上也深受其害，因為這種虛幻的優越感，他們喪失了對最基本的價值的關注。

關於性教育的生理知識方面，孩子沒有必要太早接受這方面的教育。我們可以等到孩子對此開始好奇，開始想知道這方面事情的時候，才告訴他們。如果孩子太過羞怯而不敢問這方面的問題，那麼，關注孩子需求的父母，總會知道什麼時候該主動告訴他們這方面的知識。如果孩子感覺父母就像朋友，他們就會問這方面的問題。不過，我們必須用一種孩子可以理解的方式告訴他們答案，同時，還需注意避免給他們可能會刺激其性衝動的回答。

與此相關的是，如果孩子明顯表現出性早熟，也不必太多驚慌。性發育很早就開始了，實際上，在出生後的數週就已經開始了。嬰兒也能體會到性快感，有時他們會故意去刺激性的敏感區域。看到這種情況，我們不必驚慌，不過，我們要盡力加以阻止，同時也不要把這個問題搞得太嚴重。如果孩子發現我們對這類事情太過擔心，他們就會故意繼續這麼做，以引起我們的關注。孩子這麼做常常使我們以為他們是無法克制自己的性衝動，而實際上，他們只不過把這個習慣當作炫耀的工具。小孩通常會玩弄自己的性器官，因為他們知道父母害怕他們這麼做。這和小孩裝病的心理是一樣的，因為他們注意到一旦他們生病，他們會得到更多的關心和寵愛。

為了避免刺激孩子的身體，父母不應該太過頻繁地親吻和擁抱他們。這對孩子很不好，尤其是處於青春期的孩子。我們也不要從精神上刺激孩子的性意識。孩子通常會在爸爸的書房裡看到一些輕浮、挑逗的圖片。我們在心理諮詢診所也不斷遇到這種案例。不應該讓孩子接觸那些超越其年齡理解水準的關於性的書籍。我們也不應該帶孩子去看以性為主題的電影。

如果我們能使孩子避免上述這些過早的性刺激，就沒有什麼好擔心的。我們只需要在適當的時候給孩子簡單的解釋，不要刺激孩子的身體和性意識，給他們真實、簡潔的回答。重要的是，不要欺騙孩子，如果我們還想擁有孩子的信任的話。如果孩子信任自己的父母，他就會相信父母對於性的解釋，不會聽信來自同伴的關於性的說法——我們大概有百分之九十的關於性的知識都來自同伴。家庭成員之間的相互合作、相互信任和朋友般的關係，比起在回答性問題時用一些託詞敷衍過去要好得多。

如果孩子性經歷太多，或性經歷太早，他們後來通常會對性失去了興趣。這就是為什麼要避免讓孩子看到父母做愛。如果可能的話，最好不要讓孩子和父母同睡一房，當然，也不應該同睡一床。兄弟和姊妹也不應該睡在同一房間。父母應該留意孩子是否行為得當，也應該留意外界環境對孩子的影響。

以上對性教育進行了最重要的總結。我們在這裡看到，就像孩子其他方面的教育一樣，性教育最重要的原則就是家庭內部的合作和友愛精神。有了這種合作精神，有了早期關於性別角色的知識，有了男女平等的觀念，孩子就能夠應付將來可能遇到的任何危險。重要的是，他們已準備好以健康的態度去迎接未來的人生。

第十三講 教育的錯誤

Pedagogical Mistakes

13

家長或教師在孩子的教育上絕不能失去信心。他們不能因為自己的努力沒有得到及時的回報而心生絕望；不能因為孩子沒精打采、冷漠和太過被動就預期會失敗；同時也不能受到孩子有天賦沒天賦之類的迷信所影響。個體心理學認為，為了激發孩子的心智能力，要努力給予他們更多的勇氣和自信，要教導他們，困難並不是不可跨越的障礙，而是我們會遇到且要加以克服的問題。一分耕耘，未必總有一分收穫，不過，諸多成功的案例，還是足以補償那些沒有取得預期成果的努力。下面就是一個努力獲得了回報的有趣案例。

這是一個讀小學六年級的十二歲男孩。他雖然成績不好，但卻滿不在乎。他以往的經歷十分曲折，他因為得了佝僂病，直到三歲才學會走路。三歲末的時候，只會說少量單詞。四歲時，他媽媽帶他去看心理醫生，醫生告訴她這孩子沒有希望矯正。不過，媽媽並不相信這點，並把孩子送到一家兒童指導學校。這孩子在學校進步緩慢，學校對他的幫助不大。孩子六歲的時候，大家覺得他可以上學了。上學的頭兩年，由於在家裡獲得了額外的輔導，他才勉強考試過關。後來，他又努力讀完了三年級和四年級。

這個男孩在學校和家裡的情形是這樣的：他在學校以極端的懶惰而引人注目；他抱怨自己不能集中精神，聽課分心。他與同學相處不好，被他們取笑，他也總是表現得比他們軟弱。他在學校裡只有一個朋友，而且他很喜歡這個朋友，經常和他一起散步。他認為其他孩子不夠友善，很難和他們相處。他的老師也抱怨他的數學不好，也不會寫作。不過，老師還是相信，男孩會像其他孩子一樣能夠好好學習。

從這個男孩的過去經歷和他所能做的一切來看，對他的治療很明顯是建立在一個錯誤診斷的基礎上。這男孩是被一種強烈的自卑感，即自卑情結所折磨。他有個優秀的哥哥，父母認為，哥哥不用特別努力就能升入中學。通常，父母都喜歡說自己的孩子不需要太努力就能搞定學業，他們的孩子也喜歡這樣自我吹噓。但是，不需要努力就能學到東西，這是不可能的事情。這個男孩的哥哥也許有用心訓練自己上課時集中精神，認真聽講，記住在學校所學的一切，這樣他就不用在家裡額外複習，而給人一種無須努力就能搞定課業的印象。而那些在學校不夠專心的孩子，則不得不在家裡溫習功課。

這個男孩和哥哥之間的差異多麼大呀！這男孩總是處於一種壓抑的狀態：他覺得能力不如哥哥，覺得自己遠遠不如哥哥有價值。他也許經常聽她媽媽這麼說，特別是當她對他生氣的時候。他哥哥也會這麼說，並稱他是傻瓜或白癡。如果男孩不服從哥哥，哥哥就會對他拳打腳踢。我們可以看到，他過去經歷的結果就是：他是一個相信自己不如別人有價值的人。實際的生活似乎也肯定了他的看法。他的同學嘲笑他；他的功課錯誤百出；他說自己不能集中精神，每個問題都令他恐懼不已。他的老師也不時地說，這個孩子在班上和學校找不到歸屬感。毫不奇怪的是，男孩最終相信，他不可能避免目前所陷入的處境，他也相信，其他人加諸於自己的看法也是正確的。一個孩子如此喪失自信，對未來感到絕望，已屬可憐又可悲了。

當我們以一種輕鬆的方式和他談話的時候，我們很容易看出他對自己已經失去了信心，這不是因為他顫抖的身體和蒼白的臉色，而是因為一個人們總是能觀察到的小細節：當我們問他多大時（實際上我們知道他十二歲），他回答說十一歲。我們不要把這個錯誤回答視為偶然。我們曾經指出，這類的錯誤有其內在的原因。如果考慮到孩子過去的生活經歷，並連結到他對於年齡的回答，我們會得到一個印象——他在試圖回憶他的往昔。他想回到過去，回到那個他更小、更弱也更需要幫助的過去。

我們可以根據已經掌握的事實來重建他的人格系統。這個男孩並不想從完成他這個年齡所能做到的任務來尋求肯定和認可；他相信並表現出自己比起別的孩子發展得沒有那麼完整，也競爭不過別人。他這種一切不如人的感覺，就表現在他把自己的年齡說小了。他可能回答說自己是十一歲，但在某些情況下，他的行為卻像一個五歲的孩子。他堅信自己不如別人，並盡力使自己所有的活動都應驗自己的想法。

這男孩在大白天尿床，也不能控制自己的排便。當一個孩子認為自己是個嬰兒或把自己想像成一個嬰兒的時候，才會出現這些症狀。這也證實了我們的想法，即這個男孩依戀過去，如果可能，也願意回到過去。

在小男孩出生之前，這個家庭就有個保姆了。男孩出生之後，保姆與男孩的關係很親，每當有需要，她就代替媽媽的位置來照顧他。我們可以就此得出進一步的結論。我們知道男孩過去怎麼生活，知道他不願早起，家人曾帶著厭惡的表情描述他起床要花很久時間。因此，我們的結論是：孩子不願意上學。一個和同學相處不好、感到壓抑和認為自己一事無成的孩子，不太可能喜歡上學。結果，他不想早起，不想準時到學校。

不過，他的保姆卻說他的確想上學。事實上，只有他生病的時候，才請求上學。這至少和我們上面所言並不矛盾。不過，應該如何理解「保姆說他的確想上學」這件事呢？其實，答案很明顯，也很有意思：當孩子生病的時候，他可以允許自己說他想上學，因為他期望他的保姆這樣回答：「你不能去上學，因為你生病了。」他的家人當然不理解這種表面上的矛盾，所以也不知道該怎麼做。他的保姆也不理解這男孩的真正想法，而以為他真的想上學。

促使家長把這小孩送到我們診所來接受治療，則是因為不久前才發生的事情。這男孩居然偷拿保姆的錢去買糖果吃。這也表明他的行為像個很小的孩子，偷拿錢去買糖果是十分孩子氣的行為，只有非常年幼的孩子才會這樣，因為他們不能控制自己對糖果的欲望。他們也不能控制自己的身體機能。這種行為的心理學含義就是：「你必須照看我，否則我會調皮搗蛋。」這男孩不斷地做出這類行為，以使他人關注自己，因為他對自己沒有信心。如果我們把他在家裡和在學校的情況作一下比較，兩者之間的關聯是顯而易見的。在家裡，他可以使人關注他，但是在學校，他卻不能如願。不過，誰能矯正這孩子的行為呢？

在這男孩被送到我們診所之前，他被認為是個功課落後、自卑的孩子。但是，他根本不應該被歸入此類。他是個完全正常的孩子，一旦他恢復了自信，他能夠做到他同班同學所能做的一切。他總是傾向悲觀消極地看待每件事，在沒有做出一點點的努力之前，就已經承認失敗。他每一個舉止都顯示出他缺乏自信，教師的評語也證實了這點：「精神不集中；記憶力差；注意力分散；沒有朋友；等等。」他的沒自信和消沉是如此的一目瞭然，以至於大家都看得見；他的處境又是如此的不利，以至於很難改變他對自我的看法。

在他填完個體心理問卷之後，我們和他又進行了諮詢談話。我們不僅和這男孩談，還和其他與他有關的人談。在這些相關的人當中，首先就是他的母親，這個母親早已對他不抱希望，只希望他勉強完成學業，以後隨便找個工作了事；其次是總是蔑視他的哥哥。

「你長大後想幹什麼？」對於這個問題，男孩當然不會有什麼回答。這一點很能說明問題。一個半大不小的人卻不知道自己將來想做什麼，這總是有點問題。的確，很多人後來並沒有從事他孩提時候所選擇的職業，不過，這並不重要。至少，這些人曾受到這種職業理想的吸引。他們在小時候想從事司機、警衛和樂隊指揮等，這些他們所見過並認為是有吸引力的職業。不過，如果一個孩子沒有實際的目標，那就可以認為他的目光沒有看向未來，而是向著過去；換句話說，他迴避未來，迴避任何與未來有關的問題。

這似乎和個體心理學的一個基本原則相矛盾。我們不是一直宣稱兒童總有一種追求優越感的心理嗎？我們不是試圖表明每個孩子都想發展自己、想變得更強大、想成就一番事業嗎？而我們眼前這個孩子卻希望退縮，希望自己變得幼小，希望別人供養和幫助他。我們又該如何解釋這個現象呢？精神生活的進展並不是簡單的，它有著複雜的背景。如果我們對複雜的案例做出簡單和天真的結論，我們就會犯錯。所有的複雜事物都存在令人迷惑的假象，事物也會辯證地走向其相反方向。例如本案例中的男孩，他沒有向前邁進去追求優越感，卻想回到過去，似乎只有這樣才最強大，最安全。除非對這個孩子的整個情形有了解，否則這種現象很令人費解。實際上，這種類型的孩子的做法，也有其合理之處，雖然這種合理有點可笑。當這些孩子在幼年、弱小、無助和沒有任何責任的時候，他們才最強大或最有支配力。既然這個男孩沒有自信，擔心自己什麼事都做不好，那麼，我們還能期望他願意面對未來而有所作為嗎？他一定會迴避任何要衡量他做為一個個體的能力和長處的情境。因此，除了在人們對他沒什麼期望、沒什麼要求的極有限的範圍內活動外，他的活動範圍所剩無幾。可見，他只能在很小的範圍內追求被別人認可，這就像他年幼、無助、依賴他人時獲得的認可一樣。

我們不僅要和男孩的老師、媽媽和哥哥進行諮詢談話，還要和他的父親以及我們的同事進行協商和溝通。這樣的諮詢商談需要大量的努力，不過，如果我們能贏得教師的支持，就能節省許多心力。這雖不是不可能，但也並不簡單。許多教師固守老方法和觀念，並把心理分析視為有點另類的東西。其中，也有些教師擔心心理分析會使他們喪失一部分權力，或認為心理分析是一種未經許可的干預。當然，實際上並不是這麼回事。心理學是一門科學，它不是立刻就能學會的，而是需要長期的研究和實踐。不過，如果人們從一種錯誤的觀點來看心理學，那麼，心理學對他們也不會有什麼價值。

對此，寬容是一種必要的素質，特別是對於教師而言，對新的心理學觀點抱著開放的心態是很明智的，即使這些觀點和我們至今所持的看法互相矛盾。從今天的情況來看，我們也沒有權力斷然否定教師的觀點。那麼，在這種情況下，如何處置這個男孩呢？按照我們的經驗，只有把這個孩子從他的困境中解脫出來，也就是說，讓這個小孩轉學。這樣的處理方式不會傷害到任何人。沒有人知道發生了什麼事，孩子也擺脫了一個沉重的負擔。他進入新的學校讀書，沒有人認識他，他不必擔心別人對他作不好的評價，也不用擔心別人的蔑視。實際上如何去做，並不容易解釋。家庭環境與此關係很大。案例不同，處理的方式也不同。不過，如果有相當數量的教師熟悉個體心理學，對這種孩子的處理就會更容易一些，因為他們會用理解的目光來看待這種案例，並能給予相應的幫助。

第十四講 對父母的教育

Educating the Parent

14

前面已經多次提到，這本書是為了家長和教師而寫的。他們都能從本書中對兒童心理生活的新洞見中獲益。在之前的分析中，我們並沒有去區分孩子的教育和成長是在父母幫助下還是教師支持下進行的，只要孩子能獲得正確的教育即可。這裡的教育當然是指學校課程以外的教育，不是學科的教學，而是最為重要的人格發展。當今，雖然父母和教師都對教育工作有所貢獻，父母糾正學校教育的不足，教師則矯治家庭教育的缺陷，但是在現代社會和經濟條件下，大城市裡的孩子的教育責任主要是由教師來承擔。父母們對於新觀念不像教師那麼敏銳，因為教師的職業興趣就是孩子的教育。為了讓孩子為明天做好準備，個體心理學主要把希望寄託在學校和教師的改變上，儘管家長的合作也是不可或缺的。

教師在自己的教育工作中，無可避免地會與家長產生衝突。這是因為教師矯正性的教育工作，某種程度上就是因為家長教育的失敗而產生的。在這種意義上，教師的教育就是對於家長的指責，至少家長通常會這麼想。教師在這種情況下該如何處理與家長的關係呢？

下面就來探討這個問題。這種探討當然是從教師的角度出發，因為教師需要把與家長打交道視為一種心理問題。如果家長看到這種探討，請不要生氣，這裡沒有冒犯的意思，這種探討只適用於那些不夠明理的家長，這種家長已經形成了一種教師不得不面對的普遍現象。

許多教師認為，和問題兒童的父母打交道要比與問題兒童本人打交道更困難。這種事實表明，教師需要運用一定的策略來和這些家長溝通。教師必須有這樣一個觀念，即家長並不需要為其孩子所表現出來的所有毛病負責。畢竟，他們不是富有技巧的專業教育者，通常也只能按照傳統來指導和管理孩子。當他們因為自己孩子的問題而被召喚到學校時，他們通常感覺像是被指控的罪犯。這種情緒也反映他們心裡的內疚，因此需要教師策略性地來應對。教師應該盡量把家長的這種情緒轉變為友善、坦率的態度，使自己成為一個善意的幫助者的角色。

我們絕對不應該責備家長，即使有充分的理由這樣做。如果我們能和父母達成一種協議，改變他們的態度，使他們能按照我們的方法來行事，那麼我們會獲得更多的教育成就。直接指出他們過去行為中的錯誤，這於事無補。我們所要做的就是盡力使他們採取新的方法。高高在上地告訴他們這裡做錯了，那裡做錯了，只會冒犯他們，使他們不願意和我們合作。通常，孩子會變壞並非一朝一夕形成的，而是有一個歷史過程。家長通常也會認為他們對孩子的教育中忽略了什麼，但千萬不要讓他們感到我們也這樣認為；我們不應該絕對而教條地和他們談話。即使是向他們提出建議，也不應該用權威的口吻，而是嘗試用「可能」、「也許」或「你也許可以這樣嘗試一下」等等。即使我們知道他們的錯誤在哪兒、如何糾正，我們也不要貿然提出，讓他們覺得我們似乎是在強迫他們。當然，並不是每個教師都懂得這些策略，這些也不是一下子就可以掌握的技巧。有趣的是，富蘭克林（Benjamin Franklin）曾在自己的自傳中表達了同樣的想法。他寫道：

一個公誼會教派的朋友曾好心地告訴我，我被普遍認為是一個很驕傲的人，這種驕傲經常表現在談話之中，表現在討論問題的時候不僅滿足於自己正確，而且還有點咄咄逼人和囂張跋扈。他還舉出數例來證明我的驕傲。於是，我決定盡力改正這種毛病或愚蠢品行，當然我的毛病並不只有這一點。於是，我便在自己的道德清單上加上了謙卑（humility）這一條，我指的是廣義上的謙卑。

我不敢吹噓自己真的已經具備了謙卑的美德，但我已經有了謙卑的樣子。我給自己訂下規矩，絕不直接對抗別人的觀點，也絕不直接肯定自己的看法。我甚至逼自己認可我們圈子的古老信條，在表達一個確定的觀點時避免使用「肯定」、「當然」、「我認可」或「毫無疑問」等字眼，而是要使用「我認為」、「我的理解是」、「我想事情可能是這樣」或「目前在我看來」。當有人提出一個我們認為是錯誤的觀點時，我不直接與他對抗，避免當場指出他觀點中的荒謬之處，而是回答說「他的觀點在有些情況下有其合理之處，不過，在我看來，目前的情況似乎有點不同」等等。我很快就發現我這種變化的好處。我和他人的對話更加愉快了。我以這種謙卑方式提出的觀點，也更容易讓別人接受，反對的意見也少了；即使自己錯了，也不會太過羞愧；如果自己碰巧正確，我也更容易說服別人放棄自己的錯誤觀點，而站到我這一邊。

我剛開始採取這種謙卑的為人方式時，不得不壓抑自己的自然傾向。不過，習慣成自然。或許這也是為什麼這五十年來沒人聽過我說一句教條式的話語的原因。我早年提議建立新制度或改造舊制度時，曾對民眾產生重大影響；後來我成為議員時，也曾對議會產生很大影響，都歸功於這種謙卑習慣（當然更得益於我的正直）。實際上，我是個拙劣的演說者，更不擅長雄辯，我在遣詞用字時，也頗感猶豫，表達也不是很準確。不過，我的觀點一般來說還是得到了認同。

實際上，驕傲是人的自然情感中最難克制的。儘管我們掩蓋它，和它搏鬥，打倒它，阻止它，克制它，它卻總是不肯滅亡，並隨時會抬頭露面，繁榮滋長；我們在歷史中經常看到它。甚至即使我們認為自己完全克服了驕傲，我們也有可能因為自己現在的謙卑而驕傲。

當然，這些話並不適合所有的生活情境。我們既不能作此期望，也不能作此要求。不過，富蘭克林的話還是向我們表明，那種咄咄逼人、想要致人於死地的做法是多麼的不合時宜，多麼的無效。生活中沒有適合所有情境的基本規則。每個規則一旦超出自身的限度，就會突然無效。確實，生活中有些情境是需要措詞激烈的。不過，如果我們考慮到教師和已經體會到羞辱，並將因為自己的問題孩子而進一步感到羞辱的憂心忡忡的家長之間的情況，如果我們考慮到沒有家長的合作我們將什麼也做不到，那麼，顯然為了幫助這個孩子，我們必然要採取富蘭克林的方式。

在這種情況下，去證明誰對或顯示自己的優越，就不重要了，重要的是找出一個幫助孩子的有效方法。當然，這會遇到很多困難。許多父母聽不進任何建議，他們會感到吃驚、憤怒、不耐煩，甚至會表現出敵意，因為教師把他們和他們的孩子置於這樣一種令人不快的境地。這種家長有時會無視自己孩子的毛病，逃避現實。但他們現在卻要被迫睜開自己的眼睛。當然，整個情形並不令人愉快，因此，可以想像，當教師太過急切地與家長談論孩子的問題時，他們當然不可能贏得家長的支持。許多家長走得更遠，他們對教師大發脾氣，擺出一副不容接近的樣子。這時，最好向家長表明，教師的教育成功有賴於他們的協助；最好使他們情緒平靜下來，能夠友善地與教師談話。我們不要忘記，家長太受到傳統的、陳舊的教育方法所局限，很難一下子解脫出來。

例如，如果一個家長已經習慣了用嚴厲的言詞和表情來摧毀孩子的自信，那麼，他很難在十年之後突然改換成一種友善、慈愛的態度和方式。值得注意的是，即使這位父親突然改換了一種態度，他的孩子一開始也不會認為這種變化是真實的和真誠的。他會認為這是一種權宜之計，他需要很長時間才會相信父親的這種態度轉變。這種情況對高級知識分子也不例外。有一位中學校長曾不斷地指責和批評自己的兒子，幾乎使孩子瀕於崩潰。這位校長在和我們的談話中也意識到這一點；他回家以後，就對自己的孩子進行了一場嚴苛的冗長說教。不過，由於孩子太懶散，他又喪失了耐心，發起火來。一旦孩子做出父親不喜歡的舉動，父親就會對他發火，並尖刻地加以批評。如果連一個自認為是教育者的校長都能發生這樣的事情，那麼，對於那些從小就認為應該用皮鞭去懲罰孩子所犯的每個錯誤的普通家長，不難想像其改變之難了。和孩子的家長談話時，教師應該運用一切圓滑和富有技巧的手段和詞令。

我們不要忘記，伴隨著皮鞭的兒童教育在底層社會是非常普遍的。因此，來自這些階層的孩子在學校接受矯治談話之後，還有家長的皮鞭在家裡等他。一想到我們的教育努力經常因家長的皮鞭而付諸東流時，我們就會感到悲傷。在這種情況下，孩子經常要為自己的同一個錯誤受到兩次懲罰，而我們認為，一次就足夠了。

我們知道，這種雙重懲罰會帶來可怕的後果。假如一個孩子必須把自己不佳的成績單帶回給父母，他就會擔心被鞭打，害怕把成績單給父母看，同時也擔心學校的懲罰，於是，他們便翹課或偽造父母簽字。我們可不要輕視或小看這些事情。我們考慮孩子的問題時，要連帶考慮他的環境當中的種種因素。我們要自問：如果我們再更進一步，會發生什麼事？會對孩子的行為造成什麼影響？我們能確信我們的所為會對孩子產生積極有益的影響嗎？孩子能承受加之於其身的負擔嗎？他能夠有建設性地學習到什麼嗎？

我們知道，孩子和成人對困難的反應差異很大。對孩子進行再教育，我們要認真、謹慎，在我們重塑他們的生活模式之前，我們要理性地探討其可能的結果。只有那些對孩子的教育和再教育進行過深思熟慮和客觀判斷的人，才能更明確地掌握自己教育努力的效果。實踐和勇氣是教育工作的基本要素，就像另一個不可動搖的基本要素是：不管出現什麼情況，總能夠找到挽救兒童的辦法。首先，我們要遵循一個古老而很有見地的法則，也就是越早越好。那些習慣把人視為一個整體，並把他的毛病視為其整體的一個部分的人，將比那些習慣根據機械的、僵化的模式來對待孩子的毛病的人，更能理解和認識孩子。例如，後者在孩子沒有做家庭作業的時候，總是會立即聯絡家長告知此事。

我們正在進入一個對兒童的教育不斷有新觀念、新方法和新理解的時代。科學正在破除陳舊的教育習慣和傳統。這些新知識把教師的責任置於一個更重要的地位，同時也使得他們更能理解兒童的問題，賦予他們更多的能力去幫助孩子。重點是要記住，單一的行為如果脫離了整體的人格就沒有意義，我們只有連結到整個人格，才能對它加以研究。

附錄一 個體心理問卷

An Individual Psychological Questionnaire

（供理解和矯治問題兒童之用，由國際個體心理學家學會〔International Society of Individual Psychologists〕所擬定。）

1. 導致問題發生的原因是何時出現的？當問題初次被發現的時候，他處於什麼樣的情境（心理的或其他的）？

諸如此類的重要情境有：環境改變、開始上學、家庭有新生孩子如弟弟或妹妹、學校中的失敗和挫折、生病、父母離婚、父母再婚、父母死亡等等。

2. 在問題暴露之前，是否存在一些特殊的心理或生理缺陷？例如在吃飯、穿衣、洗澡或睡覺時膽怯、粗心、拖延、笨拙、嫉妒、羨慕和依賴他人等等。孩子是否害怕獨處或是怕黑？是否理解自己的性別角色？是否理解第一性徵、第二性徵或第三性徵？如何看待異性？對自己的性別角色理解多少？父母有再婚嗎？是否在合理的時間內學會說話和走路？學說話和走路有沒有困難？在學習閱讀、繪畫、唱歌或游泳時是否有明顯的困難？是否特別依戀父親、母親、祖父母或是保姆？

必須確定他是否對環境懷有敵意，並找尋他自卑感的根源；有必要確定他是否傾向避開困難，是否表現出自我中心和過分敏感的性格特徵。

3. 孩子會製造很多麻煩嗎？他最怕什麼？最害怕誰？夜間會哭鬧嗎？會不會尿床？他是否只會欺負弱小？是否一直吵著要和父母一起睡？是否舉止笨拙？是否得過佝僂病？他的智力如何？是否常被人嘲笑？在髮型、衣著和穿鞋等方面是否愛慕虛榮？是否喜歡咬指甲或挖鼻孔？吃東西的時候會不會很貪心？

了解他是否自信地追求優越感，了解他的固執是否阻礙了他行動的動力，這將對我們很有啟發作用。

4. 孩子是否很容易交到朋友？對人和動物是否有耐心、寬容，或是否騷擾或折磨他們？他是否喜歡收集或貯藏東西？是否吝嗇和貪婪？是否樂於領導和指揮他人？是否傾向於自我孤立？

這些問題與兒童和人交往的能力有關，也與兒童的信心程度有關。

5. 鑒於以上所有問題的回答，兒童目前的狀況如何？他在學校如何行動？他喜歡學校嗎？他是否準時？上學前是否情緒激動？上學是否匆匆忙忙？會遺失書本、書包或練習本嗎？做作業或考試前，他是否緊張激動？是否會忘記做作業，或拒絕做作業？是否常常浪費時間？是否懶惰？是否精神不集中？是否擾亂課堂？他如何看待老師？他對老師是批評、傲慢還是冷漠？他是主動請求他人幫助他學習，還是被動地等待人家幫忙？他在體操和運動方面是否有雄心？他認為自己的天賦相對較低，還是完全沒有天賦？他喜歡閱讀嗎？他喜歡哪一種文學作品？

這些問題能幫助我們理解孩子對於學校生活是否已準備妥當，幫助我們理解他們經歷「學校這個新情境」的結果，以及他們面對困難的態度。

6. 關於他家庭環境的正確資訊，包括他的家庭成員的病史、是否酗酒、是否有犯罪傾向、是否體弱、是否患有精神疾病、梅毒和癲癇病，還有生活水準等等。家裡是否有人死亡，死亡發生的時候孩子多大？家庭通常氣氛如何？家庭教育是否很嚴苛？對他是抱怨不止、挑剔，還是縱容溺愛？家中是否存在讓孩子恐懼生活的因素？對孩子的管教情況如何？

從孩子在家庭的處境及其對家庭的態度來考察，我們就可以判斷孩子所受到的影響。

7. 孩子的出生次序情況：他是家庭的老大、老二、獨生子、唯一的男孩還是唯一的女孩？相互間是否有競爭，是否常常哭鬧，是否有惡意嘲笑，是否有貶低他人的強烈傾向？

這些問題對於我們研究孩子的性格、了解孩子對他人的態度非常重要。

8. 孩子是否形成了選擇職業的觀念？他如何看待婚姻？家庭中其他成員從事什麼職業？父母的婚姻生活如何？

從這些問題中，我們可以知道孩子是否對未來有勇氣和信心。

9. 他最喜歡的運動、故事、歷史人物和文學形象是什麼？是否喜歡對別人的遊戲搗亂？是否愛冷靜的思考？是否愛作白日夢？

從這些問題，可以看出他在生活中扮演英雄角色的可能傾向。反之，則可能是缺乏勇氣的標誌。

10. 孩子的早期記憶有哪些？是否會週期性地做一些諸如飛行、墜落、受到壓迫、趕不上火車、焦慮的夢？

由此，我們通常可以發現他是否有孤立封閉的傾向，是否被警告要小心，是否雄心勃勃，是否偏愛某人或鄉村生活，等等。

11. 孩子在哪些方面失去了信心？他認為自己被忽視了嗎？他是否積極應對別人對他的注意和讚揚？他是否迷信？是否逃避困難？是否嘗試了許多事情但最終都無法持續下去？他對未來是否有不確定感？是否相信天賦和遺傳的不良影響？周圍的一切都令他失望嗎？他對生活的看法是否很悲觀？

對這些問題的回答可以幫助我們確定孩子是否喪失了自信心，是否走上了一條錯誤的路。

12. 是否愛耍花招，或是有其他的壞習慣如做鬼臉、裝傻、孩子氣和搞笑等等？

在這些方面，孩子為了引人關注，至少會表現出些微的勇氣。

13. 他是否有言語缺陷？是否相貌醜陋？是否有畸形足？是否內八字腳或弓形腿？是否身材矮小？是否特別胖或特別高？是否比例不協調？眼睛或耳朵是否異常？是否智力遲鈍？是否左撇子？睡覺是否打呼？是否特別英俊帥氣？

這些不足或缺陷通常都被孩子誇大了，並因此而喪失勇氣。那些非常漂亮的孩子經常也會出現成長問題，因為他們認為他們無須努力，就能獲得一切。這樣的孩子會錯失許多為生活做好準備的機會。

14. 他是否經常談到自己缺乏能力，談到自己對學業、工作和生活「缺乏天賦」？是否有自殺的念頭？他的失敗和闖禍行為之間是否有時間上的關聯？是否太在意外在的成功？他是習慣屈從他人、固執己見，還是事事叛逆？

這些表明他極度的氣餒，這在孩子無法成功解決自己的問題後，表現尤其明顯。他的失敗部分是因為他的努力無效，部分是因為他對於所接觸的人缺乏了解。不過，他總要滿足自己對優越感的追求，因此便轉而做那些輕鬆容易的事。

15. 找出孩子獲得成功的事例。

這些「正面表現」可以給我們一些重要啟示。因為孩子的興趣、傾向和準備很可能指向別的方向——跟之前完全不同的方向。

上面這些問題不宜以一種僵化的順序提出，而應該從談話當中在適當的時機切入提問。從這些問題，我們可以正確地了解和把握孩子的個性。我們將會發現，錯誤或失敗並不是表面上看起來的那樣，而是可以去認識和理解的。我們應該耐心友善（而不是語帶威脅）地告訴孩子，他們在問卷中所暴露出來的錯誤。

附錄二 五個孩子的案例及其評論

Five Case Histories with Commentaries

案例一

這是一個十五歲的男孩，是獨生子。他的父母工作努力，家庭也算是小康之家。父母對待孩子細緻體貼，以確保他身體健康。因此，孩子的早年生活是快樂而健康的。他的媽媽心地善良，比較容易哭泣。她談起自己孩子的事情時斷斷續續，很是費力。我們不了解孩子的爸爸。他的媽媽說爸爸是一個誠實、自信且精力充沛的人，也熱愛家庭。孩子很小的時候，一旦不聽話，他爸爸就會說：「如果我不挫挫他的銳氣，將來他就會變本加厲。」所謂「挫挫他的銳氣」並不是諄諄教誨，而是一旦孩子做錯了什麼事，他就鞭打孩子。因此，孩子從很小的時候就有反抗意識，他的反抗意識表現在他想成為家裡的主人。我們經常在被寵壞的獨生子中發現這種想成為家裡的支配者的欲望。這孩子很小的時候就表現出一種強烈的不服從傾向，並形成了拒絕順從的習慣。只要父親不動手鞭打他，他就不會順從。

我們在此先停一下，看看孩子最鮮明的性格特徵是什麼。那就是撒謊。他靠撒謊來逃避父親的責打。這的確也是他媽媽對他主要的抱怨。現在，孩子已經十五歲了，可是他的父母從來不能確定孩子是在說實話，還是在撒謊。我們還進一步了解到，孩子曾在一所教會學校學習過一段時間，那裡的教師也抱怨孩子不服管教，擾亂課堂。例如，老師沒有問到他，他卻高聲回答；老師上課期間，他會突然提問，打斷老師；上課時，大聲和同學說話。他做作業時字跡十分潦草、難以辨認。他還是個左撇子。他的行為最終超越了所有界限。他越是害怕父親懲罰，就越是撒謊。他的父親先是決定讓他繼續留在學校學習，但後來卻不得不把他領回家，因為他的教師認為他已經無可救藥。

這孩子很活潑，智力也正常。他念完公立學校，要參加中學的入學考試。考完之後，他告訴媽媽說自己通過了考試。家人很高興，夏天還去鄉下度假。孩子經常談到中學的事情。後來學校開學了，孩子每天背著書包上學，中午回來吃午飯。不過，有一天中午，他媽媽陪他走了一段上學的路，她聽到有個人說：「那不是今天早上幫我帶路去火車站的孩子嗎？」她就問孩子那個人所說的是什麼意思，是否他上午沒有上學。這孩子回答說，上午學校是十點放學，那個人問他去火車站的路，他便帶他去了。他的媽媽並不相信他的解釋，將此事告訴了他爸爸。他爸爸決定第二天陪他去一趟學校。在一起去學校的路上，他爸爸不斷地追問，才發現孩子並沒有通過入學考試，自然也從來沒有去上學，只是一直在街上閒逛而已。

家裡為他請了家庭教師教他，孩子最終也通過了入學考試。不過，他的行為並無絲毫改善。他仍舊在課堂上搗亂，並開始偷東西。他偷了媽媽的錢，卻矢口否認，直到家人威脅送他去警察局，才坦白承認。這個案例接下來成了一個忽視孩子教育的悲劇。這個曾經驕傲地認為自己可以挫挫孩子銳氣的爸爸，現在放棄了一切對孩子的期望。孩子得到的懲罰則是：家人不再理他，不和他說話，也不關心他。他的父母也聲稱以後不會再打他。

在回答孩子什麼時候開始出現問題時，媽媽說「從出生開始」。他媽媽實際的意思是，既然父母想盡一切辦法都沒有把孩子教好，那麼孩子的不良行為肯定就是天生的。

他在嬰兒的時候，就特別的不安分，日夜嚎哭，而所有的醫生都認為孩子非常正常，非常健康。

這並不像看上去那麼簡單。嬰兒哭泣本身並不是什麼大問題，孩子會哭的原因有很多，特別是當媽媽生第一胎，沒有太多經驗的時候。孩子會哭，通常是因為他尿濕了，他媽媽並未意識到這一點，而是跑過去把他抱起來，輕輕地搖，給他東西吃。她本應該找出孩子哭的真正原因，換一下尿布，讓他感到舒適，就不用再管他了。這樣，孩子就會停止哭泣，也不會像現在這樣給他留下不良影響。

他媽媽說這孩子在正常的時間裡毫無困難地學會了說話和走路，牙齒也發育正常。孩子有毀壞玩具的習慣。這並不必然表示孩子的性格不好。值得注意的是，媽媽說：「孩子無法自己單獨玩耍，一分鐘也不行。」那麼，一位母親究竟要如何訓練孩子單獨玩耍呢？唯一的方法就是讓他單獨玩。要讓孩子在沒有成人的不斷干預下學會獨處。我們懷疑這個母親沒有這麼做過，她的一些話也證明了這點。例如，孩子總是讓她忙個不停，總是依戀著她，等等。這是孩子最初渴望得到母親的寵愛，也是他心靈最早的印記。

我們從來沒有讓孩子自己一個人待著。

他媽媽這麼說，顯然是在作自我辯護。

他從未一個人單獨呆著，直到今天，他也不願獨處哪怕一個小時。晚上也從未獨處過。

這也證明孩子對她是多麼的依戀，多麼的依賴。

他從來不害怕什麼，也不知道害怕為何物。

這似乎與心理學的常識矛盾，因為與我們的心理學發現不符。進一步考察，我們才發現，這孩子從未獨處過，因此，也就沒有必要害怕，因為對這種孩子來說，害怕就是迫使他人和他在一起的手段。因此，他不可能害怕。害怕是孩子一旦獨處才會產生的一種情緒，而獨處是不會發生的。下面是另一個看起來有點矛盾的陳述。

他特別害怕他爸爸的鞭子。這樣看來，他的確也有害怕的時候。不過，一旦鞭打結束，他就很快忘記了，又重新快活起來，即使有時他被打得很嚴重。

我們這裡看見一種不幸的對比：媽媽處處遷就孩子；爸爸則非常嚴厲，試圖校正媽媽的軟弱溫柔。爸爸嚴厲苛刻卻越來越把孩子趕向媽媽這一邊。也就是說，孩子會轉向寵愛和縱容他的人，轉向那個他可以不費力氣而獲得一切的人。

孩子六歲在教會學校的時候，他受到教士的監護。這時已經有人開始抱怨這孩子的好動、不安分和注意力不集中。這些抱怨更多指向孩子的行為，而不是他的學業。其中最為顯著的就是他的不安分。如果孩子想獲取關注，那麼有什麼比不安分更好的辦法呢？這孩子想被關注。他已養成了獲得媽媽關注的習慣。現在，他進入更大的圈子——學校，也想獲得學校裡的新成員的關注。教師不理解孩子的真實目的，只是把孩子挑出來批評和懲罰一番，希望以此來糾正他的行為，讓他乖一點。孩子不得不為這樣尋求關注而付出代價，不過，他已經習慣了。他在家裡受到爸爸嚴厲的責打，讀書期間同樣如此，可是他依然故我。那麼，我們怎麼能期望學校所允許的溫和懲罰能改變孩子呢？這種可能性不大。當孩子回到學校，他自然希望成為關注的中心，以此做為一種補償。

父母有跟孩子解釋，為了班上每個人的利益，他必須在課堂保持安靜，試圖以此來改善孩子的行為。當聽到這種陳腔濫調時，我們不禁懷疑這對父母是否擁有健全的常識。其實，孩子和成人一樣根本就知道什麼是對的，什麼是錯的。不過，孩子卻忙於其他的事情呢！他想獲得關注，但保持安靜是不能獲得這種關注的，而透過努力用功來獲得關注則又並不容易。一旦意識到他為自己設定的這種目標，我們就解開了他行為的謎團。顯然，他爸爸的鞭打只能使他安靜一會兒。不過，他的媽媽說，一旦他爸爸離開，孩子就故態復萌。他認為，鞭打和懲罰只是短暫地中斷了他的追求，但絕對不會獲得持久的效果。

他總是控制不了自己的脾氣。

對那些想要獲得別人關注的孩子來說，發脾氣顯然也是一種方法。我們知道，人們經常把發脾氣視為達成任務的一種方便手段，它是基於這個目的而生的一種情緒。例如，安靜地坐在沙發上的孩子不需要發脾氣。只有那些想引人注目的孩子，例如本案例中的孩子，才會明顯地表現出發脾氣這種情緒。

他習慣把家裡的各種東西帶到學校換錢，然後和一幫朋友揮霍、享樂。他的父母發現這種情況之後，每天在他上學前都要對他進行搜身。他最終放棄了這種行為，但馬上又沉溺於惡作劇和上課搗亂。若不是他父親的嚴厲懲罰，他很難改掉拿家裡東西去換錢的習慣。

我們可以理解他為什麼要惡作劇，這也可歸因於他想出風頭的欲望，因為這會招致老師的懲罰，從而顯示自己能夠挑戰學校的規定。

他的搗亂行為後來慢慢減少，不過，仍會週期性發作，一如既往，最終被學校退學了。

這也證實了我們之前所說的觀點。這個孩子想奮力獲得他人的認可，自然會遇到很多障礙，他自己也意識到這一點。此外，如果考慮到他還是個左撇子，我們會對他有更多的認識。我們可以想見，即使他想避免困難，卻總是躲不過去，也缺乏克服困難的信心。但是，他越是缺乏信心，越是想證明自己值得關注。他無法停止惡作劇，直到校方再也容忍不了，把他開除。如果校方的目的是不允許一個搗亂者干擾其他孩子的學習，那麼，校方別無選擇，只能開除他，就有其合理性。不過，如果教育的目的是矯正孩子的缺點，那麼開除就不是可取之道了。孩子既然很容易獲得母親的認可，也就無須在學校裡用功了。

需要指出的是，在一個教師的建議下，這孩子在假期被送到一個兒童矯治之家進行治療，那裡的管理比學校更嚴格，不過仍然沒有什麼作用。他的父母仍然是孩子的主要監護人。孩子每週日回家，他對此很高興。不過，即使兒童矯治之家不允許他回家時，他也並不沮喪。這很容易理解。他想表現出像個英雄，也希望別人把他看作是英雄。他並不十分介意被鞭打，不管多麼難以忍受，他總是抑制自己不哭，也不想有失男子氣概。

他的學習成績並不很差，因為家裡總有家庭教師教他。

由此可以看出，他缺乏獨立性。老師說，這孩子若是能靜下來學習，成績會更好一些。我們相信這孩子能夠好好學習，因為除了弱智，任何孩子都可以好好學習。

他沒有繪畫的天賦。

這很重要，因為從這個陳述中我們可以看出，他並沒有完全克服自己右手的笨拙。

他體操很好；他很快學會了游泳，而且不怕危險。

這表明他並未完全喪失勇氣，只不過他把自己的勇氣用在了其他不重要的事情上，因為這些事情對他來說比較容易，而且肯定能成功。

他從不知道害羞，總把自己的想法告訴每個人，不管對方是學校的警衛，還是校長，儘管他多次被告誡不要如此魯莽、唐突說話。

我們知道，他從不在乎別人禁止他做這做那，因此，我們不能把他這種不知害羞視為一種勇氣的表現。我們知道，很多孩子都能恰當地意識到教師、學校管理者和他們之間的距離。這個孩子不怕被他父親鞭打，自然也就不會害怕校長，為了顯示自己的重要性，他會冒昧和放肆地說話，並常常用這種方式來達到自己的目的。

他對自己的男性性別並無明確認識，不過，他經常說，他不喜歡成為女孩。

這並沒有明確表明他對自己性別的看法，不過，像他這種性格不良的孩子一般會傾向於輕視女孩，並從這種輕視中獲得一種男性的優越感。

他沒有真正的朋友。

這很容易理解，因為其他孩子並不總是願意被別人領導。

他父母至今還沒有向他解釋過性方面的事情。他的行為總是表現出一種控制欲。

他對於我們費力蒐集的、有關他自己的事實十分清楚。也就是說，他對於自己想要什麼十分清楚。不過，毫無疑問，他並不理解自己這種無意識的目標和他的行為之間的關係。他也不理解自己強烈的控制欲的範圍和根源。他想控制別人，是因為他看到了父親對家庭的控制。但是，他越是想控制別人，就越是軟弱，因為他不得不依賴別人的存在。而他所模仿的榜樣——他的父親，卻是比較自我克制地進行控制。換句話說，是孩子的軟弱支撐著他的雄心勃勃。

他總是惹是生非，甚至對於那些比他強的人，也是這樣。

不過，越是強者，就越好對付，因為他們很看重自己的責任。而這孩子唐突無禮時，卻只顧及自己。順便指出，這種唐突無禮很難根除，因為他不相信自己可以學會什麼，因此，只好以唐突無禮的行為來掩飾自己缺乏信心。

他並不自私，而會慷慨給予。

如果認為這是一個善行的標誌，我們就會發現這和他性格的其他方面並不一致。我們知道，有人會利用表現慷慨來顯示優越感。重要的是，要看到這種性格特徵是如何與權力欲望連在一起的。這孩子把慷慨視為一種個人價值的提升。他有可能是從他爸爸那兒學會了利用慷慨來自我炫耀。

他仍然不斷製造麻煩。他最怕自己的父親，其次是他的母親。他早上起床沒有問題，也不會特別虛榮。

最後一句只是關於外在的虛榮；他內在的虛榮心異常強烈。

他改掉了挖鼻孔的習慣。他非常固執，很挑食，不喜歡吃蔬菜和脂肪。他並不是完全不喜歡交友，不過，他喜歡和自己可以支配的人交往。他也非常喜歡動物和花草。

喜歡動物的背後總是一種對優越感的追求，一種控制欲。這種喜好當然不是壞事，它可以使人與地球萬物成為一體。不過，就本案的孩子來說，這種喜好就表現出一種控制的欲望，即他又要弄一些事情讓母親費心了。

他表現出極大的領導欲，當然並不是一種智力上的領導欲。他喜歡蒐集物品，但並沒有充分的耐心。每種收藏都半途而廢。

這種人的悲劇在於，他們總是虎頭蛇尾，有始無終。因為有結果，就需要承擔責任，而他害怕承擔責任。

十歲以後，孩子的行為整體上有所改善。因為他過去總想到街頭逞強好勝，因而不可能把他關在家裡。經過艱苦的努力，才使他的行為有所改進。

把他限制在家庭狹小的空間裡，實際上是滿足其強烈的自我肯定欲望的最好手段。所以不用驚訝，他會在家庭這個狹小的天地裡製造更多的麻煩。若有適當的監護，應該讓他去街頭玩耍。

他一回家就做作業，並未表現出想出去玩，不過，他總能找到浪費時間的方法。

當我們把孩子限制在狹小空間，並監督他用功的時候，我們總會發現孩子在分心和浪費時間。必須給孩子活動的空間，讓他和其他孩子一起玩耍，並在同伴之間扮演一定的角色。

他過去很喜歡上學。

這表明那裡的教師對他並不嚴厲，因而他也很容易扮演英雄角色。

他過去總是遺失書本。他並不害怕考試，他總是相信他能把一切事情做好。

這是一種相當普遍的性格特徵。實際上，一個人在任何情況下都抱著樂觀的態度，表明他並不相信自己。這種人當然是悲觀的，不過，他們總是想方設法違反生活的邏輯，陶醉在自己什麼事情都能做到的幻想之中；即使他們遭受失敗了，他們也不會表現出驚訝。他們被一種宿命感所籠罩，因而總是表現出一種樂觀主義。

他無法集中精神。有些教師喜歡他，而另一些教師厭惡他。

那些欣賞他的風格的溫和的教師喜歡他。他很少製造麻煩，因為老師沒有對他提出過高的要求，他可以比較容易獲得關注。像絕大多數被寵壞的孩子一樣，他既不願集中精神，也沒有這個習慣。直到六歲之前，他也沒有感到有這個必要，因為媽媽會為他操心一切。每件事情都被預先安排好了，他就像被關在籠子裡一樣。一旦面臨困難，他就會感到缺乏準備。他從未學到面對問題、解決問題的方法，他對他人不感興趣，因而也不能與人合作。他缺乏獨立完成事情所必須的願望和自信。他所擁有的就是出風頭的欲望，一種不費力氣就能出人頭地的欲望。不過，他沒能擾亂學校的安寧，因而也沒能引起別人關注，這就更加劇了他的不良行為。

他對任何事情都掉以輕心，以最輕鬆的方式和最少的努力去做任何事情，從不顧及其他人。這已經成為他生活的基調，這都表現在他所有的具體行為之中，例如偷竊和說謊。

他的人生風格中的錯誤是很明顯的。他的媽媽確實刺激了他的社會情感（social sentiment）的發展，不過，不論是他溫和的媽媽還是嚴厲的爸爸，都沒能為他的社會情感的進一步發展指出明確的方向。這種社會情感被局限在他媽媽的世界之中，在這個世界裡，他感到自己是關注的中心。

因此，他對優越感的追求未能指向對社會有用的方面，而是指向了自己的虛榮心。為了把他引向對社會生活有用的方面，我們必須重新塑造他的性格發展，重塑他的信心，這樣他才會樂於傾聽我們的意見。同時，我們必須擴展他的社會關係的範圍，由此來彌補他媽媽的忽視。他還要和他媽媽達成和解。他的教育要一步一步來，直到他能夠像我們一樣地理解他自己過去人生風格中的錯誤。既然他的興趣不再集中在一個人身上，他的獨立性和勇氣就會隨之增強，也就會把自己對優越感的追求轉向對社會有用的方面。

案例二

這是一個十歲小男孩的案例。

學校抱怨，這孩子的成績很差，已落後同年齡學生三個學期。

一個十歲孩子落後了三個學期，我們不禁要懷疑他是否弱智。

他現在就讀三年級，智商是一〇一。

顯然，他不是弱智。那麼是什麼原因使他學業落後呢？他為什麼要擾亂課堂？我們看到，他追求優越感，也有某些行動，但全都指向了對社會生活無用的方面。他想富有創造性，積極主動，也想成為關注的中心，但他追求的方式卻是錯誤的。我們也看到，他和學校對抗、戰鬥。他是一個好鬥者，對學校來說他是個敵人。因此，我們能夠理解為什麼他成績落後，因為學校的常規生活對他這樣一個好鬥者來說，是難以忍受的。

他不願服從命令和紀律。

這很明顯。他的行為很明智，也就是說，他的不明智行為自有他的一套方法。如果他是個好鬥者，那麼他當然會抗拒別人的命令。

他和其他孩子打架；他把自己的玩具帶到學校去。

他是想創造一個自己的學校。

他的口算（oral arithmetic，編按：也稱為心算；一種只憑著思考和語言活動而不借助任何工具的運算過程）不佳。

這意味著他缺乏社會意識以及相關的社會邏輯（social logic，參見第七章）。

他有語言缺陷，每週參加一次語言訓練班。

這種語言缺陷並不是器官缺陷造成的，而是一種缺乏社會合作的症狀，他的語言障礙顯示了這一點。語言體現了一種合作態度，一種個體不得不與其他人連結的合作態度。這個男孩就是利用這種語言缺陷做為他好鬥性格的武器。他並不尋求治療他的語言缺陷，對此我們不用驚訝，因為治好語言缺陷就意味著放棄這個引人關注的工具。

當老師和他說話時，他的身體就左搖右晃。

他似乎是在準備戰鬥。他並不喜歡教師和他說話，因為這樣一來他就不是關注的中心了。如果教師對他說話，而他只能聽，那麼教師就成了征服者。

他的母親（正確來說是繼母。他還在繈褓之中，媽媽就過世了）只抱怨說，這小孩有點神經質。

這個意味深長的神經質掩蓋了孩子眾多的不良行為。

他是由兩個祖母帶大的。

一個祖母就已經夠糟了，何況兩個——我們知道，祖母通常都會以一種可怕的方式溺愛孩子。她們這麼做的原因值得深思。這是我們文化的缺陷，即年老女人沒有自己的社會位置。她們反抗社會這樣對待她們，希望能被合理對待，在這一點上她們非常正確。她們想證明自己存在的重要性，於是便透過溺愛孩子並使孩子依戀她們，來證明自己的存在價值。她們就用這種方式來肯定自己身為一個人而被認可的權利。

我們可以想像，在兩個祖母之間，會有一種可怕的競爭。每個人都想證明孩子更喜歡她。當然，在這種競爭下，孩子得利最多，他會發現自己處於天堂，想要什麼就有什麼。孩子只需說「一個祖母曾給了我這個」，那麼，另一個祖母就想要壓倒競爭對手，而給予更多。在家裡，孩子是關注的焦點，我們可以看出孩子如何把這種關注變成他的目標。現在，他去了學校，那裡沒有兩個祖母，只有一個老師和許多孩子。他想成為關注焦點的唯一辦法就是好鬥和反抗。

他和祖母一起生活的時候，他的成績並不好。

學校並不適合他，他對學校也準備不足。學校是對他的合作能力的一種測試，他過去也沒有獲得這方面的訓練。而媽媽才是最能發展孩子這種合作能力的人。

他爸爸一年半前再婚了，於是這孩子就跟爸爸和繼母一起生活。

毫無疑問，這是一個問題情境。若有繼母或繼父進入孩子的生活，問題就產生了，或者說問題就增加了。對孩子的成長和教育來說，繼父母問題是一個典型的問題，至今也未見改善；孩子所受到的傷害最大。即使是最好的繼父母也會遇到問題。這不是說繼父母的問題沒法解決，而是它只能以特定的方式解決。繼父母不應該期望把孩子的感激視為自己應得的，而是應該盡最大的努力去贏得這份感激。由於這兩位祖母把情形搞得更複雜了，繼母和孩子之間的問題便更嚴重了。

繼母開始進入這個家庭時，也曾試著向這個孩子示愛。為了贏得這個孩子的歡心，她做了一切她應該做的。孩子的哥哥也是一個麻煩製造者。

家裡還有另一個好鬥者。我們可以想像，這兩個孩子之間的競爭只會加劇他們的爭鬥欲望。

這孩子害怕並且服從父親，但並不服從母親。因此，母親常常向父親求助。

這樣一來，媽媽等於承認她無法教育這個孩子，因此便把教育的責任轉移給了爸爸。當媽媽總是向爸爸彙報孩子做了什麼和沒做什麼時，當她威脅孩子說「我要告訴你爸爸」時，孩子了解到，她沒有能力管理和教育他們，所以放棄了這個任務。於是，孩子便會找機會對她頤指氣使。這個媽媽如此說話和行事，也表現她的一種自卑情結。

如果孩子答應聽話，媽媽就帶他去商店，給他買東西。

這個媽媽的處境也很艱難。為什麼？因為她總是活在祖母的陰影下，因為孩子總認為祖母更為重要。

祖母只是偶爾來看他。

一個偶爾來訪幾個小時的人很容易打亂孩子的教育，並把所有的麻煩和問題留給了媽媽。

似乎家裡沒人真心愛這個孩子了。

他們似乎都不喜歡這個孩子了。甚至曾經溺愛他，因而毀了他的祖母，現在也不喜歡他了。

爸爸會鞭打這個孩子。

鞭打並沒有用。孩子喜歡受到讚揚，如果他被讚揚，他會感到很滿足。不過，他不知道如何用正確的行為來獲得讚揚。他喜歡不經努力就能獲得老師的讚揚。

如果他獲得讚揚，他會把事情做得更好。

所有想成為關注焦點的孩子都是這樣。

老師不喜歡他，因為他總是一副臭臉。

這是他所能採用的最佳手段。因為他是個好鬥的孩子。

這孩子會尿床。

這也表明孩子想成為關注的焦點。不過，他是以間接的方式來爭取這種關注。他是怎麼做到的呢？他利用尿床讓他媽媽半夜起來；他晚上會尖叫；他在床上閱讀而不睡覺；早上不起床；飲食習慣不良。總之，不論白天還是晚上，他總有方法讓他媽媽為他操心。尿床和語言缺陷就是他的兩個武器。

媽媽晚上要喚醒他好幾次，他才改掉尿床的習慣。

媽媽夜裡要數次起來叫醒他，關注他。這樣，他就達到了他被關注的目的。

其他孩子不喜歡他，因為他總想支配他們。而一些弱小孩子則想要模仿他。

這孩子是一個脆弱、沒有自信的人，從來不想以勇敢的方式生活。那些弱小的孩子之所以想模仿他，是因為這實際上也是這些孩子獲得關注的最佳方式。

另一方面，他並非真的不被人喜歡，「當他的作業被選為全班最好時，有些孩子也樂於認為他已經有進步。」

當他有進步時，其他的孩子會感到高興。這也反映了教師的教育有成，知道如何在孩子之間培養合作精神。

這孩子喜歡在街頭和其他孩子打球。

當他有把握成功和征服別人時，他喜歡與人交往。

我們和他媽媽一起討論這個孩子。我們向她解釋，她與孩子和祖母處於一種非常困難的境地。孩子非常嫉妒他的哥哥，總是擔心比不上他。在我們的談話中，這孩子總是一言不發，雖然我們告訴他我們診所的所有人都是他的朋友。說話對這孩子來說，意味著合作。他只想戰鬥，不想說話。這是因為他缺乏社會意識，他拒絕矯治自己的語言缺陷，也是出於同樣的道理。

這也許有點令人驚訝。事實上，我們甚至在有些成人身上也會發現這種情形：用一言不發來表示對抗。曾有一對夫妻發生激烈爭吵，丈夫向他妻子大聲吼道：「看看妳，現在沒話說了吧。」妻子回答說：「我不是沒話說，是不想說。」

案例中的這個男孩也是這種情況：「只是不想說話。」當談話結束時，孩子被告知可以走了，但他似乎不想走。他的敵意被激發起來了。我們告訴他討論結束了，他仍不想離去。我們要求他下週和他爸爸一起來。

同時，我們對他說：「你一言不發，做得非常正確，因為你總是做與別人要求相反的事情。如果別人叫你說話，你就沉默；如果叫你上課安靜，你就大聲講話，來擾亂課堂秩序。你認為只有這樣才算是一個英雄。如果我們要求你『不要說話』，那麼你就會滔滔不絕。我們只需向你提出與我們希望相反的要求，就能引你就範。」

孩子顯然被激起了說話的欲望，因為他覺得有必要回答這些問題。這樣，他就透過言語交談與我們合作了。後來，我們才向他解釋他的情況，並使他了解並相信自己的錯誤之處。於是，他慢慢有所改進。

這時，我們必須記住，只要孩子還在老環境裡，他就沒有改變的動力。他的媽媽、爸爸、祖母、老師和伙伴對他的態度已經固定了。他對他們的態度也是固定的。不過，當他來診所時，面臨的卻是全新的情境。我們也盡可能為他營造一個新的環境——實際上是一個全新的環境。這樣他就更能暴露出他在老環境中形成的性格特徵。在這種情況下，一個聰明的做法就是告訴這個男孩「你不能說話」，這個男孩就會說「我偏要說話」。按照這種方法，男孩不會感到有人和他直接談話，因而也不會警惕和抑制自己不想說話的心理。

在診所，孩子通常面對很多聽眾，這給他們留下很深的印象。這是一個全新的環境，給他們的印象是，他們不僅不再被束縛於以前狹小的空間，而且其他人還對他們感興趣，因而感到自己是這個大環境的一部分。他們甚至還想突出和表現自己，特別是他們被要求下次還要再來的時候。他們知道將會發生什麼——人們會向他們問問題，詢問他們情況怎樣，等等。有些人一週來一次，有些人每天都來，視具體情況而定。在這裡，人們訓練他們對老師的行為。他們知道，在這裡沒有人批評、責罵他們，所有的事情都是公開地討論和評價，就如同有一扇打開的窗戶那樣。這很吸引人。如果一對夫婦正在爭吵，這時有人打開窗戶，爭吵就會停止，因為情況不同了。因為當窗戶打開時，爭吵就有可能被人聽到，而人們通常不想表現出那些不良的性格特徵。這是前進的第一步。當孩子來到我們診所接受諮詢時，他們就邁出了這前進的一步。

案例三

本案例的孩子十三歲半，是家中的長子。

孩子十一歲的時候，智商是一四〇。

可以說，他是個聰明的孩子。

自從進入中學的第二學期以後，他的進步非常緩慢。

根據我們的經驗，如果一個孩子自認為很聰明，他就很可能會希望不用努力就能獲得一切，其結果就是「聰明反被聰明誤」，反而無法進步。例如，我們發現，這些孩子在青春期時會覺得自己已經長大了，他們想證明自己不再是個小孩了。他們越是想這樣去證明自己，就越會遇到更多的困難。於是，他們開始懷疑自己是否像他們所認為的那麼聰明。我們建議，不要告訴孩子他很聰明，或他的智商是多少。孩子智商高低，絕不能讓他們自己知道，也不能讓家長知道。因為這就是一個聰明孩子後來卻屢遭失敗的原因之一。告訴他們智商是非常危險的。一個野心勃勃但不知道如何用正確的方法來獲得成功的孩子，就會去尋求一種錯誤的成功之道。這些錯誤之道包括罹患神經方面的疾病、自殺、犯罪、懶惰或浪費時間。孩子會找出無數的理由，來為自己無效的成功之道作辯解。

孩子最喜歡的科目是科學。只喜歡和比自己年齡小的孩子交往。

我們知道，孩子和比他年幼者交往的目的是使事情對他來說更容易一些，也是為了顯示優越感和想當年幼者的領袖。如果他喜歡和比他年齡小的孩子交往，那麼，我們就會懷疑他懷有這樣的目的。當然，情況並不總是如此，孩子有時是為了顯示自己的父性而與較小的孩子交往。不過，這也有問題，因為孩子父性的表達會排斥他與比他年長的孩子交往。他會有意識地排斥與年長孩子交往。

他喜歡足球和壘球。

我們可以假設，他一定很擅長這兩種體育項目。也許，我們會聽說，他在某些方面很擅長，而對其他方面則絲毫不感興趣。這意味著，只有當他感到有把握獲得成功的時候，他才會表現積極主動。一旦他沒有成功的把握，他就會拒絕參與。這當然不是一種正確的行為方式。

他喜歡玩撲克牌。

這意味著他在浪費時間。

由於玩牌，他已經沒辦法按時睡覺和做作業。

現在我們開始接近問題的真正核心了，一切都指向同一個點：他沒辦法在課業上進步，常常在浪費時間。

當他還很小的時候，發育很緩慢。兩歲以後就發育得很快。

我們不知道他為什麼兩歲前發育緩慢。可能是因為他受到了溺愛，造成他發展緩慢。我們可以看到，被溺愛的孩子不用說話、走路或發揮身體機能，因為他們喜歡一切都為他們做得好好的，因而也就沒有了發育的刺激。他後來發育快速的唯一解釋就是，這期間他獲得了發育成長的刺激（stimulus）。很可能就是因為這個強烈的刺激，使他成為了一個聰明的孩子。

他很明顯的性格特徵就是誠實和固執。

僅僅知道他很誠實，這還不夠。誠實當然是好的，也確實是一個優點。不過，我們並不知道他是否在利用自己的誠實來批評和責備別人。誠實很可能是他自我吹噓的資本。我們知道他喜歡當領袖和支配別人，因此，他的誠實便成了他優越感的一種表現。我們不知道，如果處於不利環境下，他是否還繼續誠實。至於他的固執，我們發現，他確實想走自己的路，喜歡與眾不同，而不想仰人鼻息。

他欺負他的弟弟。

這個陳述證實了我們的判斷。他想成為領袖，而弟弟不願順從，所以他便欺負弟弟。這表示他並不非常誠實。而且，如果你真正了解他，你還會發現，他可以說是一個騙子。他是個自我吹噓的人，並表現出一種優越感。不過，他所表現的實際上是一種優越情結。這種優越情結清楚地顯示出，他的內心實際上深受自卑感的折磨。由於其他人對他的評價過高，他便低估了自己。而又因為他低估了自己，所以不得不透過自我吹噓來加以補償。因此，過高地讚揚孩子是不明智的，因為他會認為別人對他期望太高。當他發現要符合別人的期望並不容易，他就會開始害怕和擔心，結果他就用一些方法來掩飾自己的弱點，例如欺負他的弟弟。這就是他的人生風格。他感到自己不夠強大，也不夠有自信去獨立地、適當地解決他所面臨的問題。因此，他便沉溺於玩牌。當他玩牌的時候，就沒有人發現他的自卑，即使他的學業成績不佳。父母會說，他成績不佳是因為他總是在玩牌。這樣就挽救了他的驕傲與虛榮之心。漸漸地，他也受到這個觀點的影響：「是的，因為我喜歡玩牌，所以我功課不好；如果我不玩牌，我的功課會是最好的。但是，我就是喜歡玩牌啊。」這樣，他就獲得了滿足，他自我安慰說，他能夠成為最好的學生。只要這孩子不理解他自己心理的這種邏輯，他就會沉溺於自我安慰，把自己的自卑感隱藏起來，既不讓別人知道，也不讓自己知道。只要他堅持這麼做，他就不會有所改變，獲得進步。因此，我們必須以一種友善的方式向他解釋他性格的根源，並且指出，他的實際行為就像一個感覺自己不能勝任自己任務的人，他感覺自己很強大只不過是為了隱藏自己的弱點和自卑感。我們應該用一種友善的方式和不斷的鼓勵來做這一切。我們不應該總是讚揚他，讚揚他的智商很高——這種不斷的讚揚可能使他害怕自己不能永遠獲得成功。我們很清楚，智商在孩子的未來生活中並沒有那麼重要。所有實驗心理學家都指出，智商只不過顯示了測驗當時的情況。生活是複雜的，並不是透過測驗就能認識清楚。高智商並不能證明孩子真的能解決生活中的所有問題。

孩子的真正問題在於他缺乏社會意識，在於他的自卑感。而這必須向他解釋清楚。

案例四

本案例中的小孩八歲半。這個案例告訴我們，孩子是如何被寵壞的。罪犯和精神官能症患者主要是來自這類型的兒童。我們這個時代需要解決的重要問題就是：停止溺愛孩子。這並不是說我們應該停止喜歡他們，而是說要停止溺愛和縱容他們。我們應該把他們視為朋友和平等的人來對待。這個案例很有價值，因為它描述了被寵壞孩子的性格特徵。

孩子目前的問題是，每一年級都要重讀。他現在才二年級。一個孩子在一年級時就要重讀，我們可以懷疑他是否弱智。我們要在本案例的分析中記住這個可能性。另一方面，如果孩子一開始時學習得很好，後來才出現問題，我們就可以排除他弱智的可能性。

他以嬰兒的方式說話。

他想被溺愛，所以就模仿嬰兒。不過，這也意味著他心中有一個目的，因為他認為模仿嬰兒能帶來好處。他這種理性的盤算實際上排除了他弱智的可能性。他不喜歡學校生活，他對此也沒有準備。他沒有按照學校的規定和制度來發展，而是選擇與環境對抗和敵對來表達他的追求。這種敵對態度的結果就是他每個年級都要重讀。

他並不服從他的哥哥，還和哥哥進行激烈爭鬥。

因此我們知道，哥哥對他來說就是一個障礙。我們可以從這一點來推測他哥哥一定是個好學生。他唯一能跟他哥哥競爭的方式，就是當個壞孩子。當然，他會在夢中想像，如果他還是個嬰兒，他就能贏過哥哥。

他一歲十個月的時候，才學會走路。

他可能患過佝僂病。如果他到一年十個月大時才學會走路，也很可能是因為他總是被看護和監護著。這段期間，他的媽媽和他形影不離。他越是不會走路，也越是刺激他媽媽更加看護他，更加溺愛他。

但是他學會說話比較早。

現在，我們可以肯定他不是弱智。弱智通常表現為學習說話困難。

他說話總是像個嬰兒。他爸爸很溫柔親切。

他爸爸也很溺愛他。

他更喜歡媽媽。家裡有兩個男孩，他媽媽說，老大比較聰明。這兩個孩子經常爭鬥。

這兩個孩子相互競爭。大多數的家庭都是這樣，特別是家庭的頭兩個孩子之間更容易有競爭。不過，任何兩個在一起長大的孩子之間都會產生競爭，這是基於一個事實：當另一個孩子出生時，首先出生的孩子會感到被剝奪了王位，就如同我們曾提到的（參見第八章），只有當孩子具有良好的合作精神，才能阻止這種惡性競爭的產生。

他算術很差。

受溺愛的孩子在學校的最大困難通常就是學不好算術，因為算術牽涉到社會邏輯，而這種社會邏輯是被溺愛的孩子所缺乏的。

他的頭腦一定有些問題。

我們沒有發現這個問題。就他自己的目的來說，他的行為非常合理和聰明。

他的媽媽和老師認為他手淫。

他可能手淫。不過，大多數孩子都手淫。

他母親說，他眼睛有黑眼圈。

我們不能從他有黑眼圈就推論他有手淫，雖然人們一般都這麼認為。

他吃東西很挑食。

這表示他總想引起母親關注，即使是在吃飯方面。

他很怕黑。

這是被溺愛的孩子的另一個跡象。

他媽媽說他有很多朋友。

我們認為，這些朋友都是一些他能夠支配的人。

他很喜歡音樂。

我們可以觀察一下音樂家的外耳。人們發現，音樂家的外耳曲線發育得更好。我們看了這個孩子之後發現，他有一雙精緻敏銳的耳朵。這種敏銳會表現在喜歡和諧的聲音。擁有這種敏銳性的人，可能音樂方面的能力更強。

他喜歡唱歌，但患有耳疾。

這種人一般很難忍受生活中的噪音。這些人比別人更容易罹患耳疾。聽覺器官的構造是遺傳的，這就是為什麼音樂天賦和耳疾會代代相傳。這孩子深受耳疾之苦，他的家族當中也有幾個精通音樂的人才。

要矯治這個孩子，就必須盡量使他更獨立和自立自強。目前，他還做不到。他覺得有必要永遠占有媽媽，永不離開她。他總是想得到媽媽的支持和操心，他媽媽也樂於給予。現在，我們要讓他自由地去做他想做的一切，哪怕是犯點錯誤，因為只有這樣他才能學會自立。他還要學會不要和他的哥哥爭奪媽媽的愛與關心。目前這兩兄弟都覺得媽媽比較偏愛另一個，因此互相嫉妒。

尤其必要的是，要讓孩子勇敢地面對學校生活中的問題。想一想，如果他不繼續上學，那麼會出現什麼情況？他一旦脫離學校，就會偏向生活中無用的一面。他也許先是翹課，然後乾脆不去上學，離家出走，加入幫派。預防遠勝於治療；現在訓練他適應學校生活，比後來要去對付一個少年犯要輕鬆得多。學校現在只是一個重要的測試環境。孩子沒有被訓練去解決他所面臨的問題，也缺乏解決問題的社會意識，這就是他在學校遇到困難的原因。不過，學校應該給他新的勇氣。當然，學校也有自己的問題：也許班級人數太多，也許教師對如何激發學生內心的勇氣準備不足。這就是現實的悲劇。不過，如果這個孩子有幸遇到一位能夠鼓勵他、使他振作起來的老師，那麼他就得救了。

案例五

這個案例是一個十歲的女孩。

由於她在算術和拼寫方面有困難，於是被送到我們診所接受指導和治療。

算術對於被溺愛的孩子來說通常是一門困難的科目。這並不是說被溺愛的孩子算術一定不好，不過根據我們的經驗，情況的確常常如此。我們知道，左撇子通常都有拼寫困難，因為他們習慣從右向左看，從右向左閱讀。他們能正確地閱讀和寫字，只是方向相反而已。這一點通常並不為人所知，人們只知道他們閱讀很困難，就斷言他們不能正確地閱讀和拼寫。因此，我們認為，這個女孩可能是左撇子。也許她拼寫有困難還有其他的原因。若是在紐約，我們就必須考慮她可能是來自其他國家的移民，因此還不熟悉英語。若是在歐洲，我們就不必考慮這個可能性。

她過去歷史的重要之處：她的家庭在德國喪失了大部分財產。

我們不知道她何時從德國移民過來。這個女孩也許曾經有一段幸福時光，而現在這一切都結束了。新環境就像是一種測試，揭示出她是否受過與人合作的訓練，是否具有社會意識，是否具有勇氣，也會揭示她是否能夠承受貧窮的重負，也就是，在生活中她是否能與人合作。從她目前的情況來看，她與人合作的意識和能力是不足的。

她在德國時還是個好學生，八歲的時候離開德國。

這是兩年以前的事。

她在美國的學校裡情況並不好，因為她的拼寫有困難，而且這裡的算術的教法也和德國不同。

教師很難照顧到學生的這些問題。

她母親溺愛她，她也非常依戀母親。她對父母親的喜歡是一樣的。

如果你問孩子：「你最喜歡誰，母親還是父親？」他們一般會回答說：「我都喜歡！」他們被教育成如此回答。有許多方法可以測試這種回答的真實性。一個較好的方法就是把孩子放在父母中間，我們和父母說話，這時孩子會轉向她最喜歡的人。同樣地，當孩子走進父母的房間時，她會走向她最喜歡的人的身邊。

她有一些同齡的女性朋友，但並不很多。她最早的記憶是，八歲的時候在德國和父母住在鄉下，那時她經常在草地上和小狗玩耍。她家那時還有一輛馬車。

她仍然記得她曾經擁有的富裕生活、草地、小狗和馬車。這就像一個以前很有錢的人，總是回想他曾經擁有的汽車、馬匹、漂亮的房子和傭人等等。我們可以理解，她對目前的狀況感到並不滿意。

她常常夢到聖誕節，夢到聖誕老人給她的禮物。

她在夢裡所表達的願望和現實中一樣。她總想獲得更多的東西，因為她感到自己被剝奪了很多，因為她想重新獲得她過去所擁有的一切。

她常常依偎著母親。

這是一種喪失勇氣和在學校遭遇困難的跡象，我們向她解釋說，雖然她比其他孩子遭遇到更多的困難，不過，她可以藉由勤奮努力和勇氣而讓成績進步。

她再來診所時，是一個人來的，媽媽沒有陪著。她在學校的情況有些好轉，在家裡，她能獨自做自己的事情。

我們有建議她要獨立一點，不要依賴她母親，要獨立去做自己的事情。

她為她父親做早餐。

這是具有合作精神的一個跡象。

她認為她更有勇氣了，和我們談話時似乎也更自在、從容。

我們要求她回去把她母親帶來。

她母親和她一起來了，這是她第一次來診所。母親一直工作很忙，之前分不開身。她對我們說，這女孩是個養女，是在兩歲時收養的。女孩不知道自己是養女。在她出生的頭兩年，她先後待過六個家庭。

孩子的過去生活並不美好。她似乎在生命的頭兩年遭受很多苦難。因此，我們面對的是一個曾遭人唾棄、忽視而後來又受到很好照顧的女孩。她很想緊緊抓住目前這種良好的處境，這是因為她對早年痛苦生活的無意識的印象。她對那兩年的印象可能很深。

當這位母親領養女孩的時候，有人建議她要對孩子嚴格管教，因為女孩出自一個不好的家庭。

給出這個建議的人對於遺傳說中毒太深。如果她對孩子嚴厲管教了，而孩子仍然出現問題，這人就會說：「你看，被我說中了吧！」這人不知道錯的是他，不是這個女孩。

孩子的親生母親是個壞女人，這使得養母感到自己對於這個女孩責任重大，因為她並不是自己親生的。養母有時會體罰孩子。

對女孩來說，現在的情況並不比以前好多少。養母對她的溺愛態度有時會突然中止，而代之以嚴厲懲罰。

養父溺愛這個孩子，滿足她一切要求。如果她想要什麼，她不是說「請」、「謝謝」，而是說「妳又不是我媽媽」。

孩子可能是知道事情的真相，或者是碰巧說了這麼一句話而擊中要害。我們認識一個二十歲的年輕男子，他認為他的媽媽不是自己親生母親，而他的養父母發誓說，這孩子不可能知道真相。但顯然這年輕人有這種感覺。孩子能從很細微的事情上得出結論。本案例中孩子的養母認為「孩子不可能知道她是被收養的」。不過，孩子自己可能已經感受到這一點了。

不過，這女孩只對媽媽而不是爸爸說這樣的話。

因為她沒有機會攻擊爸爸，因為爸爸滿足了她一切的要求。

> 她媽媽不能理解孩子在新學校的行為變化。孩子現在成績不佳，她便體罰孩子。

成績不佳，已使可憐的孩子感到蒙羞和自卑，回家又受到母親的責罰。這太過分了。成績不佳和母親責罰，有一個就已經夠了。這一點值得教師深思。他們應該了解，一旦他們給出不佳的成績單，可能會造成孩子在家裡得到更多懲罰。一個聰明的教師應該避免給予學生這樣的成績單，如果他知道這會讓母親進一步責打小孩的話。

> 這孩子說她有時會忘記控制自己，突然發脾氣。她在學校裡情緒激動亢奮，會擾亂課堂。她認為自己必須永遠第一。

對於這種欲望，我們表示理解。因為她是家裡唯一的孩子，並習慣了從爸爸那裡獲得她想要的一切。我們也很能理解她喜歡成為第一。我們知道，她過去擁有鄉村的草地，等等，現在卻感到被剝奪了過去的一切優勢。因此，她現在更為強烈地追求優越感。不過，她沒有找到正確的表達管道，便忘了一切，製造麻煩。

我們向她解釋，她必須學會與人合作；她的激動亢奮是為了成為關注的焦點；她發脾氣也是為了讓每個人看著她。她媽媽向她發怒，為了對抗她媽媽，她便不努力學習。

她做夢的時候，聖誕老人給了她很多東西，但當她醒來卻發現自己一無所有。

她總想喚起一種曾經擁有一切而「醒來時卻一無所有」的情緒。我們不要忽視這其中隱藏的危險。如果我們在夢中喚起這種情緒，醒來時卻發現一無所有，那麼我們當然會感到失望。不過，夢中的情緒和醒來時的情緒是一致的。換句話說，夢中喚起的情緒的目的不是為了喚起一種坐擁一切的輝煌感，而恰恰是為了喚起一種「失落感」。她做夢的目的就是為了達到這個目的，即體驗一種失落感。在憂鬱症（melancholia）當中，很多人都會做類似的輝煌的夢，醒來時卻發現一切與夢境相反。我們了解，這女孩為什麼喜歡一種失落感。她自己前途一片黑暗，於是就想把一切歸咎於自己的母親。她感覺自己一無所有，而她的母親什麼也不給她，「她還打我屁股；只有爸爸才滿足我的要求。」

下面對這個案例作個總結。女孩總是追求一種失落感，從而把這種情緒歸咎於自己的媽媽。她這是在和媽媽抗爭。如果我們想停止這種抗爭，就必須使她相信，她在家裡、夢中和學校的行為都是基於完全相同的錯誤模式。她錯誤的人生風格主要是由於她來美國的時間太短，因而不能熟練掌握英語造成的。我們要使她相信，這些困難本來很容易克服，而她卻故意利用它們當作對付媽媽的武器。我們也必須說服媽媽停止責罰孩子，這樣就不會給她一種抗爭的藉口。我們還必須讓孩子知道，「我之所以精神不集中、控制不住自己，並發脾氣，就是因為我想給媽媽製造麻煩。」如果她了解到這點，那麼她就會停止自己的不良行為。在她不了解自己在家裡、學校和夢境之中的所有經驗和印象的含義之前，要改變她的性格自然是不可能的。

這樣，我們就看到了什麼是心理學。心理學就是試著了解一個人如何使用他自己的印象和經驗。換句話說，心理學就是要嘗試了解孩子用來行動和對刺激做出反應的感知模式，嘗試了解他如何看待刺激、如何對刺激做出反應，和如何運用它們來達到自己的目的。

附錄三 阿德勒生平年表

The Chronicle of Alfred Adler

一八七〇年　出生於奧地利一個富裕的猶太家庭，在六個兄弟姊妹中排行老二。
因患有佝僂病而行動不便。

一八七三年　與他同寢的弟弟過世，對他造成極大衝擊。

一八七四年　因為對音樂的愛好，四歲時對許多歌劇的內容知之甚詳。
同年罹患肺炎（當時為不治之症），幸而康復後立志成為醫師。

一八七五年　開始上學。

一八九五年　畢業於維也納大學醫學院。

一八九七年　與Raissa Epstein結婚，育有四名子女，其中兩位後來亦跟隨父親腳步成
為心理學家。

一八九八年　成為眼科醫師。

一八九九年　結識佛洛伊德（Sigmund Freud）。

一九〇二年　受佛洛伊德之邀，加入一個名為Wednesday Society的討論團體。

一九〇七年　出版《神經質性格》（*The Neurotic Character*），獲得極大迴響。

一九一〇年　擔任維也納精神分析學會（Vienna Psychoanalytic Society）主席。
該協會創辦人為佛洛伊德。

一九一一年　不認同佛洛伊德的學說，與他正式決裂。

一九一二年　創始個體心理學學會（Society for Individual Psychology）。

一九一四～一九一八年　一次世界大戰期間，曾於奧地利軍隊擔任軍醫。

一九一八年　出版《瞭解人性》（*Understanding Human Nature*）。
首次提出「社會興趣」的概念。

一九一九年　出版《個體心理學的實踐與理論》（*The Practice and Theory of Individual Psychology*）。

一九二〇年　任教於維也納教育學院，在校內設立兒童指導中心。

一九二六年　遠渡美國巡迴演講。

一九二七年　成為哥倫比亞大學的客座教授。

同年出版《阿德勒心理學講義》（*The Science of Living*）。

一九三〇年　出版《阿德勒心理學講義2：兒童的人格教育》（*The Education of Children*）。

一九三一年　出版《自卑與超越》（*What Life Should Mean to You*），為阿德勒生涯顛峰代表作。

一九三四年　決定定居美國。

一九三五年　創辦《國際個體心理學學刊》（*International Journal of Individual Psychology*）。

一九三七年　赴蘇格蘭演講時，心臟衰竭逝世。

經濟新潮社 〈自由學習系列〉

書　號	書　　　名	作　　者	定價
QD1019	**多樣性**：認識自己，接納別人，一場社會科學之旅	山口一男	330
QD1020	**科學素養**：看清問題的本質、分辨真假，學會用科學思考和學習	池內了	330
QD1021	**阿德勒心理學講義2**：兒童的人格教育	阿德勒	360

經濟新潮社 〈自由學習系列〉

書號	書名	作者	定價
QD1001	**想像的力量**：心智、語言、情感，解開「人」的祕密	松澤哲郎	350
QD1002	**一個數學家的嘆息**：如何讓孩子好奇、想學習，走進數學的美麗世界	保羅・拉克哈特	250
QD1003	**寫給孩子的邏輯思考書**	苅野進、野村龍一	280
QD1004	**英文寫作的魅力**：十大經典準則，人人都能寫出清晰又優雅的文章	約瑟夫・威廉斯、約瑟夫・畢薩普	360
QD1005	**這才是數學**：從不知道到想知道的探索之旅	保羅・拉克哈特	400
QD1006	**阿德勒心理學講義**	阿德勒	340
QD1007	**給活著的我們・致逝去的他們**：東大急診醫師的人生思辨與生死手記	矢作直樹	280
QD1008	**服從權威**：有多少罪惡，假服從之名而行？	史丹利・米爾格蘭	380
QD1009	**口譯人生**：在跨文化的交界，窺看世界的精采	長井鞠子	300
QD1010	**好老師的課堂上會發生什麼事？**——探索優秀教學背後的道理！	伊莉莎白・葛林	380
QD1011	**寶塚的經營美學**：跨越百年的表演藝術生意經	森下信雄	320
QD1012	**西方文明的崩潰**：氣候變遷，人類會有怎樣的未來？	娜歐蜜・歐蕾斯柯斯、艾瑞克・康威	280
QD1013	**逗點女王的告白**：從拼字、標點符號、文法到髒話……英文，原來這麼有意思！	瑪莉・諾里斯	380
QD1014	**設計的精髓**：當理性遇見感性，從科學思考工業設計架構	山中俊治	480
QD1015	**時間的形狀**：相對論史話	汪潔	380
QD1016	**愛爺爺奶奶的方法**：「照護專家」分享讓老人家開心生活的祕訣	三好春樹	320
QD1017	**霸凌是什麼**：從教室到社會，直視你我的暗黑之心	森田洋司	350
QD1018	**編、導、演！眾人追看的韓劇，就是這樣誕生的！**：《浪漫滿屋》《他們的世界》導演暢談韓劇製作的祕密	表民秀	360

經濟新潮社 〈經營管理系列〉

書　號	書　　名	作　者	定價
QB1137	**黑天鵝經營學**：顛覆常識，破解商業世界的異常成功個案	井上達彥	420
QB1138	**超好賣的文案銷售術**：洞悉消費心理，業務行銷、社群小編、網路寫手必備的銷售寫作指南	安迪・麥斯蘭	320
QB1139	**我懂了！專案管理**（2017年新增訂版）	約瑟夫・希格尼	380
QB1140	**策略選擇**：掌握解決問題的過程，面對複雜多變的挑戰	馬丁・瑞夫斯、納特・漢拿斯、詹美賈亞・辛哈	480
QB1141	**別怕跟老狐狸說話**：簡單說、認真聽，學會和你不喜歡的人打交道	堀紘一	320
QB1143	**比賽，從心開始**：如何建立自信、發揮潛力，學習任何技能的經典方法	提摩西・高威	330
QB1144	**智慧工廠**：迎戰資訊科技變革，工廠管理的轉型策略	清威人	420
QB1145	**你的大腦決定你是誰**：從腦科學、行為經濟學、心理學，了解影響與說服他人的關鍵因素	塔莉・沙羅特	380
QB1146	**如何成為有錢人**：富裕人生的心靈智慧	和田裕美	320
QB1147	**用數字做決策的思考術**：從選擇伴侶到解讀財報，會跑Excel，也要學會用數據分析做更好的決定	GLOBIS商學院著、鈴木健一執筆	450
QB1148	**向上管理・向下管理**：埋頭苦幹沒人理，出人頭地有策略，承上啟下、左右逢源的職場聖典	蘿貝塔・勤斯基・瑪圖森	380
QB1149	**企業改造（修訂版）**：組織轉型的管理解謎，改革現場的教戰手冊	三枝匡	550
QB1150	**自律就是自由**：輕鬆取巧純屬謊言，唯有紀律才是王道	喬可・威林克	380
QB1151	**高績效教練**：有效帶人、激發潛力的教練原理與實務（25週年紀念增訂版）	約翰・惠特默爵士	480
QB1152	**科技選擇**：如何善用新科技提升人類，而不是淘汰人類？	費維克・華德瓦、亞歷克斯・沙基佛	380

書號	書名	作者	定價
QB1114	**永不放棄**：我如何打造麥當勞王國	雷・克洛克、羅伯特・安德森	350
QB1115	**工程、設計與人性**：為什麼成功的設計，都是從失敗開始？	亨利・波卓斯基	400
QB1117	**改變世界的九大演算法**：讓今日電腦無所不能的最強概念	約翰・麥考米克	360
QB1119	**好主管一定要懂的2×3教練法則**：每天2次，每次溝通3分鐘，員工個個變人才	伊藤守	280
QB1120	**Peopleware**：腦力密集產業的人才管理之道（增訂版）	湯姆・狄馬克、提摩西・李斯特	420
QB1121	**創意，從無到有**（中英對照×創意插圖）	楊傑美	280
QB1122	**漲價的技術**：提升產品價值，大膽漲價，才是生存之道	辻井啟作	320
QB1123	**從自己做起，我就是力量**：善用「當責」新哲學，重新定義你的生活態度	羅傑・康納斯、湯姆・史密斯	280
QB1124	**人工智慧的未來**：揭露人類思維的奧祕	雷・庫茲威爾	500
QB1125	**超高齡社會的消費行為學**：掌握中高齡族群心理，洞察銀髮市場新趨勢	村田裕之	360
QB1126	**【戴明管理經典】轉危為安**：管理十四要點的實踐	愛德華・戴明	680
QB1127	**【戴明管理經典】新經濟學**：產、官、學一體適用，回歸人性的經營哲學	愛德華・戴明	450
QB1129	**系統思考**：克服盲點、面對複雜性、見樹又見林的整體思考	唐內拉・梅多斯	450
QB1131	**了解人工智慧的第一本書**：機器人和人工智慧能否取代人類？	松尾豐	360
QB1132	**本田宗一郎自傳**：奔馳的夢想，我的夢想	本田宗一郎	350
QB1133	**BCG頂尖人才培育術**：外商顧問公司讓人才發揮潛力、持續成長的祕密	木村亮示、木山聰	360
QB1134	**馬自達Mazda技術魂**：駕馭的感動，奔馳的祕密	宮本喜一	380
QB1135	**僕人的領導思維**：建立關係、堅持理念、與人性關懷的藝術	麥克斯・帝普雷	300
QB1136	**建立當責文化**：從思考、行動到成果，激發員工主動改變的領導流程	羅傑・康納斯、湯姆・史密斯	380

經濟新潮社 〈經營管理系列〉

書號	書名	作者	定價
QB1089	**做生意，要快狠準**：讓你秒殺成交的完美提案	馬克·喬那	280
QB1091	**溫伯格的軟體管理學**：擁抱變革（第4卷）	傑拉爾德·溫伯格	980
QB1092	**改造會議的技術**	宇井克己	280
QB1093	**放膽做決策**：一個經理人1000天的策略物語	三枝匡	350
QB1094	**開放式領導**：分享、參與、互動——從辦公室到塗鴉牆，善用社群的新思維	李夏琳	380
QB1095X	**華頓商學院的高效談判學（經典紀念版）**：讓你成為最好的談判者！	理查·謝爾	430
QB1096	**麥肯錫教我的思考武器**：從邏輯思考到真正解決問題	安宅和人	320
QB1098	**CURATION 策展的時代**：「串聯」的資訊革命已經開始！	佐佐木俊尚	330
QB1100	**Facilitation 引導學**：創造場域、高效溝通、討論架構化、形成共識，21世紀最重要的專業能力！	堀公俊	350
QB1101	**體驗經濟時代（10週年修訂版）**：人們正在追尋更多意義，更多感受	約瑟夫·派恩、詹姆斯·吉爾摩	420
QB1102X	**最極致的服務最賺錢**：麗池卡登、寶格麗、迪士尼都知道，服務要有人情味，讓顧客有回家的感覺	李奧納多·英格雷利、麥卡·所羅門	350
QB1103	**輕鬆成交，業務一定要會的提問技術**	保羅·雀瑞	280
QB1105	**CQ文化智商**：全球化的人生、跨文化的職場——在地球村生活與工作的關鍵能力	大衛·湯瑪斯、克爾·印可森	360
QB1107	**當責，從停止抱怨開始**：克服被害者心態，才能交出成果、達成目標！	羅傑·康納斯、湯瑪斯·史密斯、克雷格·希克曼	380
QB1108	**增強你的意志力**：教你實現目標、抗拒誘惑的成功心理學	羅伊·鮑梅斯特、約翰·堤爾尼	350
QB1109	**Big Data 大數據的獲利模式**：圖解·案例·策略·實戰	城田真琴	360
QB1110	**華頓商學院教你活用數字做決策**	理查·蘭柏特	320
QB1111C	**V型復甦的經營**：只用二年，徹底改造一家公司！	三枝匡	500
QB1112	**如何衡量萬事萬物**：大數據時代，做好量化決策、分析的有效方法	道格拉斯·哈伯德	480

經濟新潮社 〈經營管理系列〉

書號	書名	作者	定價
QB1051X	**從需求到設計**：如何設計出客戶想要的產品（十週年紀念版）	唐納德・高斯、傑拉爾德・溫伯格	580
QB1052C	**金字塔原理**：思考、寫作、解決問題的邏輯方法	芭芭拉・明托	480
QB1053X	**圖解豐田生產方式**	豐田生產方式研究會	300
QB1055X	**感動力**	平野秀典	250
QB1058	**溫伯格的軟體管理學**：第一級評量（第2卷）	傑拉爾德・溫伯格	800
QB1059C	**金字塔原理Ⅱ**：培養思考、寫作能力之自主訓練寶典	芭芭拉・明托	450
QB1061	**定價思考術**	拉斐・穆罕默德	320
QB1062C	**發現問題的思考術**	齋藤嘉則	450
QB1063	**溫伯格的軟體管理學**：關照全局的管理作為（第3卷）	傑拉爾德・溫伯格	650
QB1069	**領導者，該想什麼？**：成為一個真正解決問題的領導者	傑拉爾德・溫伯格	380
QB1070X	**你想通了嗎？**：解決問題之前，你該思考的6件事	唐納德・高斯、傑拉爾德・溫伯格	320
QB1071X	**假說思考**：培養邊做邊學的能力，讓你迅速解決問題	內田和成	360
QB1073C	**策略思考的技術**	齋藤嘉則	450
QB1074	**敢說又能說**：產生激勵、獲得認同、發揮影響的3i說話術	克里斯多佛・威特	280
QB1075X	**學會圖解的第一本書**：整理思緒、解決問題的20堂課	久恆啟一	360
QB1076X	**策略思考**：建立自我獨特的insight，讓你發現前所未見的策略模式	御立尚資	360
QB1080	**從負責到當責**：我還能做些什麼，把事情做對、做好？	羅傑・康納斯、湯姆・史密斯	380
QB1082X	**論點思考**：找到問題的源頭，才能解決正確的問題	內田和成	360
QB1083	**給設計以靈魂**：當現代設計遇見傳統工藝	喜多俊之	350
QB1084	**關懷的力量**	米爾頓・梅洛夫	250
QB1087	**為什麼你不再問「為什麼？」**：問「WHY？」讓問題更清楚、答案更明白	細谷 功	300

國家圖書館出版品預行編目資料

阿德勒心理學講義2：兒童的人格教育／阿德勒（Alfred Adler）著；彭正梅, 彭莉莉譯. -- 初版. -- 臺北市：經濟新潮社出版：家庭傳媒城邦分公司發行, 2018.12

面；　公分. --（自由學習；21）

ISBN 978-986-97086-4-7（平裝）

1. 兒童心理學　2. 人格教育

173.1　　107022453